Direito e desenvolvimento

Confira as publicações da Coleção FGV de Bolso no fim deste volume.

FGV EDITORA

FGV de Bolso
Série Direito & Sociedade
41

Direito e desenvolvimento
Diário de um jurista urbano

Carlos Ragazzo

Copyright © Carlos Ragazzo

1ª edição – 2015

Impresso no Brasil | Printed in Brazil

Todos os direitos reservados à EDITORA FGV. A reprodução não autorizada desta publicação, no todo ou em parte, constitui violação do copyright (Lei nº 9.610/98).

Os conceitos emitidos neste livro são de inteira responsabilidade do autor.

COORDENADORES DA COLEÇÃO: Marieta de Moraes Ferreira e Renato Franco
COPIDESQUE: Ronald Polito
REVISÃO: Marlon Magno e Paulo Guilbaud
DIAGRAMAÇÃO, PROJETO GRÁFICO E CAPA: dudesign

**Ficha catalográfica elaborada
pela Biblioteca Mario Henrique Simonsen/FGV**

Ragazzo, Carlos Emmanuel Joppert
    Direito e desenvolvimento: diário de um jurista urbano / Carlos Ragazzo.
– Rio de Janeiro: Editora FGV, 2015.
    128 p. - (Coleção FGV de bolso. Série Direito e sociedade; 41)

Inclui bibliografia.
ISBN: 978-85-225-1736-7

    1. Direito e desenvolvimento econômico. 2. Sociologia jurídica. 3. Agências reguladoras de atividades privadas. 4. Concorrência. 5. Transporte urbano. 6. Direito – Estudo e ensino. I. Fundação Getulio Vargas. II. Título. III. Série.

CDD – 340.2

Editora FGV
Rua Jornalista Orlando Dantas, 37
22231-010 | Rio de Janeiro, RJ | Brasil
Tels.: 0800-021-7777 | 21-3799-4427
Fax: 21-3799-4430
editora@fgv.br | pedidoseditora@fgv.br
www.fgv.br/editora

Sumário

Introdução   9

Regulação econômica e social   **15**
Até quando o Campeonato Brasileiro vai ser equilibrado?   15
O que fazer com as milhas das companhias aéreas?   17
As leis servem para quê mesmo?   19
A privatização das florestas brasileiras   21
O que muda com a nova Lei de Concorrência?   23
As três medidas que resolvem o setor aéreo no Brasil   24
ANS equilibra preços e qualidade dos planos de saúde   26
Já adulta, a meia-entrada precisa ser reavaliada   28
Propostas legislativas tentam prevenir obesidade   30
Estudo avalia judicialização das decisões das agências reguladoras   32

Cidade e sustentabilidade   **35**
O que aspiradores de pó e ônibus têm em comum?   35
As cidades e o dinheiro para a infraestrutura   37
Big Brother urbano   39
Onde colocamos o metrô?   40

Morrer custa caro — 42
Proibiram os descontos dos táxis. De novo? — 44
O trânsito pode melhorar? — 46
Você tem fome de quê? — 48
Rio de Janeiro: ame-o e deixe-o — 49
Trânsito modifica preço dos imóveis — 51
Depois dos bueiros, os botijões começaram a explodir? — 53
A urbanização das favelas depende da iniciativa privada — 55
Chegou a hora dos estacionamentos públicos — 57
O número de táxis na rua pode aumentar — 59
O pedágio urbano está cada vez mais perto — 61
Revitalização urbana — 63
Diversão e arte — 65
Tributação urbana — 67

Tendências de mercado — 71

A tecnologia vai acabar com os despachantes? — 71
Tem uma Starbucks perto de você? — 73
É difícil fazer negócios no Brasil? — 75
Fast-food saudável? — 77
Existe uma bolha imobiliária? — 79
Publicidade torna medicamentos mais caros — 82
Os sacos plásticos vão continuar nos supermercados — 84

Educação e trabalho — 87

O fim das empregadas domésticas? — 87
Bloqueio o Facebook no trabalho? — 89
Chega de avaliações? — 91
A melhor escola para seu filho — 93
As faculdades precisam se livrar dos concursos públicos? — 95
Os executivos das empresas brasileiras ganham dinheiro de mais? — 97
O método de ensino nas faculdades atrasa o Brasil — 99
Ensino superior e oferta de trabalho — 101
O Exame da Ordem (OAB) merece resistir aos ataques? — 102
Ranking das faculdades é um bom critério de qualidade? — 105

Internacionalização do ensino 107
Educação: conteúdo *vs.* habilidade 109

Competição e políticas de intervenção 113

Água é a vantagem competitiva brasileira 113
Big Data: o novo padrão de competição 115
Redes sociais combatem aumentos de preços 117
Por que os supermercados não entram no mercado
de combustíveis? 119
Regulação traz mais competição no mercado
de TV por assinatura 121
Cartéis de combustíveis e entressafra da cana 123

Introdução

Ao longo da massificação do mundo online, cheguei a ouvir que a internet iria efetivamente destruir a imprensa tal como a conhecemos. Os jornais tradicionais em papel não existiriam mais (seriam aniquilados por edições virtuais de sites individuais, sem vínculo com grupos de mídia). A própria profissão de jornalista estaria sob perigo, substituída por blogueiros, que seriam capazes de veicular uma quantidade maciça de informação já se adaptando a um mundo que precisa de imagens e textos curtos, atualizados com muita frequência, fidelizando o leitor, que retorna recorridas vezes.

Os jornais apanharam bastante, mas vários sobreviveram. E, por incrível que pareça, o mundo virtual não dizimou o papel. Na verdade, agregou. Depois de muitos anos de redução de volumes impressos, alguns países já enxergam um novo aumento de tiragem em papel. Embora alguns vejam isso como um movimento *vintage*, parecido com a volta do vinil no mercado de discos, acredito que houve sim uma enorme transformação no mercado de notícias, mas que a imprensa, tal como ela é, não irá morrer nos próximos anos. Não por conta da internet. Ela se transformou e oferece mais opções.

Dois pontos são importantes. Primeiro, o grau de especialização. Tradicionalmente, os jornais eram mais gerais, com diversos cadernos (política, economia, mundo, entretenimento etc.), exceção feita aos jornais com maior foco em economia e finanças. Hoje, o mundo online conseguiu identificar demandas mais diversificadas por informações, gerando a criação de empresas que veiculam notícias que interessam a grupos menores com objetivos comerciais. E, além disso, a velocidade das informações também se alterou, com o uso, por exemplo, de *broadcasts*, em que as notícias são distribuídas praticamente minuto a minuto (quase como se acompanhando um evento esportivo, reportando o resultado lance a lance, com dados precisos sobre o evento).

E onde os blogs se inserem nesse contexto? Acho que a resposta varia de blogueiro para blogueiro (esse nome, aliás, já virou profissão). Serão os blogueiros uma versão mais contemporânea ou mais despojada do tradicional colunista que trabalha em grandes jornais? Difícil definir. Um blogueiro não necessariamente é um especialista no assunto que escreve. Mas pode ser. E não precisa ser famoso, embora, claro, também possa ser. E, acima de tudo, não precisa ser jornalista (mas, como se sabe, jornalistas também mantêm blogs; no mais das vezes esses são os blogs mais lidos, mais influentes e exitosos). Mas, a meu ver, o blog é uma vontade de escrever, às vezes compromissada, às vezes meramente cotidiana, sobre assuntos que chamam a atenção do autor. Cada blog, no entanto, tem sua história. No meu caso, o blog foi um enorme processo de descobrimento dos assuntos que chamavam a minha atenção. Na verdade, foi um verdadeiro instrumento de identificação de temas para refletir ou mesmo pesquisar, sendo parte bem importante do meu trabalho como professor da FGV DIREITO RIO.

O desafio inicial foi o de delimitar uma temática mais definida (já que blogs com assuntos variados demoram a emplacar), o que até hoje ainda não consegui. E, por isso, os primeiros *posts* eram relacionados a assuntos mais próximos ao meu mundo profissional, tratando de questões regulatórias ou concorrenciais. Nesses *posts*, o leitor vai encontrar uma tentativa de explicar, de forma simplificada, questões complexas, informando, sem viés (na medida do possível), as opções que existem para intervir em determinado setor e quais os objetivos pretendidos por legislações novas e velhas.

Nessa direção, existem vários *posts* tratando de mudanças no setor de transporte aéreo, procurando esclarecer dúvidas sobre os mais variados assuntos, da política de milhas às concessões dos grandes aeroportos brasileiros para a iniciativa privada, explicando como essa medida se relaciona ou não com o bem-estar dos passageiros no médio prazo. O mesmo pode ser dito com relação a *posts* envolvendo planos de saúde, a nova agência reguladora Serviço Florestal Brasileiro (faz sentido privatizar florestas?) e o processo de judicialização de todas as agências reguladoras, uma "velha novidade" no Brasil. Ao lado de temas mais técnicos, o leitor também vai encontrar temas regulatórios bem cotidianos, como *posts* que endereçam e explicam o que o governo propõe para evitar obesidade ou mesmo como a meia-entrada deveria ser remodelada para evitar abusos bem evidentes.

O próximo conjunto de *posts* aborda reflexões sobre a cidade, mais especificamente sobre transporte urbano e trânsito (a grande maioria dos *posts* trata do assunto, com a identificação de tendências, medidas regulatórias para resolvê-lo e impactos que dele derivam, como: qual a relação entre precificação de imóveis e congestionamentos). Como o trânsito pode melhorar? O que o governo está fazendo nessa direção? Os exemplos acabam se restringindo primordialmente a São Paulo e, especialmente, ao Rio de Janeiro, mas tratam de circunstâncias que hoje são realidade em praticamente todas as cidades. Ao lado de problemas de trânsito, os *posts* aqui agregados também falam sobre a cidade e seus vários serviços, como os serviços funerários (é difícil enterrar alguém?), e mesmo processos de revitalização urbana, com especial atenção para iniciativas governamentais para melhorar condições de habitação.

Longe dos problemas urbanos, há também um grupo de *posts* que fala sobre tendências de mercado, explicando qual a estratégia de várias empresas (no que se incluem os cafés como a rede Starbucks, um exemplo de diferenciação com enorme sucesso em grandes centros urbanos, e as empresas que entenderam a existência de um mercado para vender *fast-food*, só que com comida saudável). E outros que tratam de questões mais estruturais, como o ambiente de negócios para empresas no Brasil e o movimento de aumento de preços dos imóveis (a recorrente pergunta sobre a bolha imobiliária).

Em seguida, o objeto da discussão migra para a educação (parte da discussão envolve preparação para o mercado de trabalho) e seus respectivos percalços. Por uma questão meramente pessoal (há mais de 10 anos sou professor de faculdade), a maioria dos textos acaba sendo mais sobre o ensino superior do que sobre a cadeia de ensino básico. E, mais ainda, especificamente sobre o mercado de ensino de direito.

O excessivo foco em concurso público e o respectivo peso nos currículos definidos pelo MEC acabaram empurrando a faculdade para um papel meramente preparatório única e exclusivamente para essa opção, impedindo uma maior diferenciação de currículos e de estratégias didáticas. Vários *posts* se dedicam a debater essas questões, como os que tratam de método de ensino, processo de internacionalização das faculdades e até a proliferação de *rankings* de qualidade oficiais e extraoficiais.

Ao contrário do que imaginei quando comecei o blog, em 2012, os textos não ficaram centrados em questões regulatórias e concorrenciais. Mas guardei espaço para essas áreas nos *posts*, o que acabou fazendo com que escrevesse também textos sobre concorrência. Embora fosse previsível que os textos tratassem de casos no Conselho Administrativo de Defesa da Concorrência, órgão em que trabalhei por aproximadamente seis anos, acabei optando majoritariamente por escrever sobre questões concorrenciais não relacionadas a investigações de cartéis ou a processos de concentração (aquisições ou fusões). Achei mais interessante ver como instrumentos não estatais poderiam ter impacto na concorrência. Dois textos abordam como a tecnologia alterou o padrão de competição (com cenários mais previsíveis, como a entrada do *Big Data* como elemento de competição, e outros menos, como o papel das redes sociais na redução de preços).

Ao contrário de *posts* semanais (ou não: tenho uma enorme dificuldade para manter a periodicidade dos textos), o livro mostra pensamentos que podem ser vistos de maneira agregada, refletindo o caminho de descoberta de um grupo de temas. Esse processo aconteceu de forma natural à medida que os assuntos foram chamando minha atenção e provocando minha reflexão. Este livro, de certa forma, demonstra que escrever depende, na verdade, de um exercício de identificação com aquilo que se escreve. Essa descoberta é muito difícil. O blog Direito e Desenvolvimento me ajudou muito nisso. E, particularmente, a revista *Exame*, onde o blog Direito e Desenvolvimento fica hospedado (http://exame.abril.com.br/rede-de-blogs/direito-e-desenvolvimento/), tem sido um excelente canal de divulgação não só por produzir extraordinário conteúdo em suas reportagens e notícias, como também por procurar incentivar blogueiros, jornalistas ou não jornalistas, a produzir conteúdo de qualidade, diversificando o ambiente de notícias que acaba formando em seu website. Como eu disse, a imprensa não só não morreu, como também resolveu abraçar blogueiros. Há espaço para todos e a *Exame*, em particular, enxergou muito bem essa tendência. Espero que este livro sirva para ajudar a organizar o fluxo de pensamento de outras pessoas. É a melhor forma de evitar bloqueios e, além disso, um excelente incentivo para as pessoas que querem montar blogs, publicar livros ou mesmo aprender a expor ideias.

Regulação econômica e social

Até quando o Campeonato Brasileiro vai ser equilibrado? (30/8/2013)

Nos programas esportivos, os nossos técnicos costumam dizer que o Campeonato Brasileiro é o mais difícil do mundo. E, com os contratos que estão sendo firmados com os novos estádios, os times de futebol estão vislumbrando receitas cada vez mais significativas, turbinadas com crescentes patrocínios, altos valores contratados com a televisão e vendas de jogadores. Embora o negócio pareça milionário para todos, os faturamentos serão diferentes. Times grandes, com maior número de torcedores, serão aqueles que irão receber mais dinheiro. A pergunta, então, é a seguinte: o Campeonato Brasileiro continuará equilibrado nos próximos anos?

Essa é uma preocupação relevante. Grande parte do interesse dos torcedores se dá por conta da imprevisibilidade do resultado, garantindo uma rotatividade nos vencedores dos principais campeonatos e torneios. Alguns campeonatos europeus, sendo o espanhol o maior exemplo, acabaram virando uma competição entre dois times apenas (no caso espanhol, Real Madrid e Barcelona), com os demais assumindo uma posição de figurantes. Para resolver esse "problema", trazendo maior competitividade a clubes menores, inúmeras ligas de esportes fazem uso de soluções regulatórias impondo tetos salariais (*salary caps*), que podem se aplicar aos jogadores individualmente, aos times como um todo, ou mesmo aos dois cumulativamente.

Embora existam vários formatos, os tetos salariais podem ser divididos em dois grandes gêneros: (i) os tetos salariais estritos (*hard caps*), que representam um valor máximo que não pode ser desrespeitado, sob pena de sanções graves, como o cancelamento de contratos, perda de escolhas do *draft*, entre outros; e (ii) os tetos salariais brandos (*soft caps*), em que existe um valor máximo, mas que pode ser excedido mediante, por exemplo, o pagamento de uma multa não substancial, redistribuída para clubes menores ou para um fundo. Inúmeras ligas estrangeiras trabalham com tetos salariais, entre as quais a National Football League (NFL), a National Basketball Association (NBA) e a Major League Baseball, além de ligas de rúgbi francesas, inglesas, australianas e neozelandesas.

O sucesso da política regulatória de tetos salariais é estimado com base na variedade de times que foram campeões nos últimos anos. Apenas para ficar com as ligas americanas, a NBA parece ter o sistema menos eficiente, com apenas oito times diferentes sendo campeões nos últimos 30 anos, ao passo que, nesse mesmo período, 19 equipes levaram a World Series, na Major League Baseball. Ambos, no entanto, utilizam tetos brandos, embora com regras diferentes, diferentemente da NFL, que tem tetos estritos e teve 14 times campeões.

O Brasil já tem, em outros esportes, regras que tentam manter a paridade. É o caso do vôlei, que trabalha com ranqueamento de jogadoras, estabelecendo pontuações de atletas que somam um máximo permitido por clube. No futebol, regras regulatórias com o objetivo de garantir o equilíbrio competitivo são raras. De certa forma, a Europa começa a discussão com os programas de *financial fair play*, estes mais preocupados com o equilíbrio financeiro dos clubes.

Nos últimos 30 anos, 14 times diferentes conquistaram o Campeonato Brasileiro (e 14 conquistaram a Copa do Brasil em menos tempo, mais especificamente, 23 anos). Diante das possíveis diferenciações de receitas, já é hora de pensar em regulações para garantir o equilíbrio do campeonato? A medida adequada seriam os tetos salariais?

O que fazer com as milhas das companhias aéreas? (26/4/2012)

Recebi pedido de um amigo para analisar do ponto de vista regulatório os programas de milhagem disponibilizados pelas companhias aéreas. Recentemente, ao ler um fôlder da Agência Nacional de Aviação Civil (Anac), percebi que a agência expressamente diz que não regula ou fiscaliza programas de milhagem. Deveria?

Para elaborar essa análise, vale a pena identificar os pontos de insatisfação que, basicamente, se resumem: (i) à limitação à disponibilidade de assentos para passagens destinadas a participantes do programa (o que pode variar de acordo com a companhia); (ii) à limitação temporal de validade das milhas que, após um dado período, não podem mais ser utilizadas; e (iii) à incapacidade de comparar as vantagens entre as concorrentes, já que as companhias frequentemente alternam promoções, além de possuírem critérios diferentes para a concessão de vantagens (número de pontos ou de milhas, por exemplo).

Essa insatisfação, na verdade, está associada a uma quebra de expectativa do consumidor, que decorre de assimetrias de informação. Para muitos consumidores, viajar não é um hábito particularmente frequente, o que causa certo desestímulo para que controlem suas milhas com cuidado. Não à toa, diversos consumidores simplesmente não têm conhecimento de que possuem grande número de milhas acumuladas. E vários não tomam conhecimento de que suas milhas perderam sua validade (o percentual de milhas não utilizadas é muito alto, chegando a atingir 75%).

Mas há solução regulatória? Para a limitação temporária, haveria uma solução simples: a impossibilidade de expiração do crédito de milhagem. Há prós, como maior previsibilidade para o consumidor, mas também há contras. Essa medida regulatória teria que ser vista com muito cuidado, já que poderia ocasionar o risco de gerar um custo adicional para os programas de milhagem. Créditos não expiráveis poderiam aumentar a insegurança em um setor que é muito vinculado ao desempenho econômico (mais de 60% dos passageiros viajam a negócios, e não por lazer), podendo agravar cenários de crise na indústria; crise essa, aliás, que ocorre de tempos em tempos.

Semelhante raciocínio se aplicaria às outras limitações (de número de assentos disponíveis e de períodos do ano em que a milhagem pode ser utilizada), mesmo porque o setor de transporte aéreo possui variações sazonais peculiares, o que significa uma distribuição desigual de demanda ao longo do ano, em certa medida equilibrada pelas limitações nos programas de milhagem. Os prós seriam idênticos aos identificados no parágrafo anterior, mas os contras incluiriam um modelo regulatório que poderia desestimular o oferecimento dessas vantagens. Isso seria ruim, pois retiraria um instrumento de competição que as companhias aéreas utilizam para se diferenciar.

Verifiquei os websites das empresas e, em todas, as informações estão lá. Mas há assimetrias que simplesmente não se resolvem com a prestação de informações. Para essas, há soluções regulatórias, como a padronização, o que ocorreu com a nomenclatura das tarifas bancárias, medida utilizada para permitir que os consumidores comparassem os pacotes bancários. A situação no caso dos bancos é diferente, pois tinha por objetivo reduzir o custo de o cliente trocar uma instituição financeira por outra, em uma relação multisserviço. Aplicada ao setor aéreo, a padronização poderia retirar a flexibilidade das companhias, impondo um modelo único de milhagem, sem, no entanto, apresentar os benefícios que se buscam no setor bancário.

O consumidor deve, simplesmente, se organizar melhor, controlando a validade das suas milhas? Ou a intervenção regulatória seria uma alternativa superior?

As leis servem para quê mesmo? (19/1/2012)

Existe atualmente um esforço da Assembleia Legislativa do Rio de Janeiro para racionalizar (leia-se: diminuir brutalmente) o número de leis promulgadas pela casa nos últimos 20 (ou mais) anos, fruto de uma inflação legislativa comum a vários estados e municípios brasileiros. Mas será que essas leis precisam ser de fato revogadas?

Acredito que sim. E por vários motivos. Vou a eles (sem me prender ao caso do Rio, já que exemplos análogos são vistos no resto do país). Há leis que simplesmente não são cumpridas, o que se chama, no jargão comum do direito, de "letra morta". Exemplo dessas leis é a norma que proíbe a presença de pipoqueiros nas ruas de Belo Horizonte. O código de posturas tenta induzir que os pipoqueiros fiquem apenas em praças e parques, e, consequentemente, fora de saídas de teatros e cinemas. Não consegue.

Outras leis simplesmente repetem leis federais, com alguns detalhes pouco triviais ou mesmo excêntricos. Nessa categoria incluem-se dois exemplos, no mínimo, interessantes. No Rio de Janeiro, a Lei nº 3.297/1999 veda a licença para o porte de arma ao servidor aposentado e/ou reformado por doenças mentais; o acesso a armas já se encontra amplamente regulamentado no âmbito federal (sem, claro, a menção específica a servidores com doenças mentais). E o Projeto de Lei nº 3.345/2010, que proíbe a utilização de *gadgets* em concursos no Rio de Janeiro, tendo a preocupação de listar os equipamentos, que variam dos *pagers* e *bips* (já mortos pelo tempo) aos celulares.

Além disso, há enorme (e talvez excessivo) esforço legislativo para enfatizar o espírito cívico. Várias leis do Rio de Janeiro tratam da execução do hino nacional em circunstâncias e cenários diferentes, como em escolas e eventos esportivos, sob pena de multa em caso de inobservância. Em rápida pesquisa, identifiquei, pelo menos, cinco normas com esse objetivo. Mas esse propósito cívico vai ainda mais longe, ao obrigar os fabricantes de cadernos escolares a ter "no verso e antiverso das capas" assuntos de relevância do Rio de Janeiro ou hinos nacionais e da bandeira (Lei nº 3.895/2002).

No entanto, nada chama mais atenção, quando se fala em inflação legislativa, do que as normas aprovadas por parlamentares criando dias para homenagear profissões, pessoas, fatos e afins. Entre as categorias menos ortodoxas que receberam homenagem de parlamentares, é possível encontrar o Dia da Informática (Lei nº 795/1984), o Dia da Legalidade (Lei nº 173/1977) e o Dia do Distribuidor de Leite (Lei nº 786/1984).

Obviamente, existe um forte incentivo para que parlamentares legislem. É uma forma de demonstrar uma postura ativa no parlamento, respondendo a um anseio da sociedade por mais controle. E isso nem sempre é necessário. Mas em breve vou mudar de ideia, já que existe um projeto para criar o Dia do Blogueiro (Projeto de Lei nº 806/2011).

A privatização das florestas brasileiras (27/10/2011)

Quando falo em privatização, não me refiro a um processo que vem ocorrendo em determinadas regiões rurais do Sudeste, onde algumas pessoas estão transformando parte de suas fazendas e sítios em áreas de conservação ambiental. Mas sim a um projeto governamental interessante e mais amplo, baseado na concessão de florestas públicas na União, sob a guarda do Serviço Florestal Brasileiro.

Em 2007, o Serviço Florestal iniciou um processo de concessão de florestas públicas da União situadas na região Norte (Japari, em Rondônia, e Saracá-Taquera, no Pará, são exemplos), permitindo a exploração de recursos naturais de forma sustentável por 40 anos, desde que aprovados os respectivos planos de manejo florestal sustentável. Mas, afinal, o que é o manejo?

Os recursos da floresta podem ser explorados de forma racional e ambientalmente adequada. Isso é o manejo. Entre as atividades que podem ser exploradas por meio do manejo ambiental está a extração de madeira e de outros produtos não madeireiros (como óleos, frutos e plantas medicinais), além de serviços (como observação da natureza e esportes radicais). O manejo pressupõe a ausência de desmatamento e a manutenção da estrutura florestal mesmo após as atividades de exploração permitidas pela concessão.

Claro, nem todas as florestas podem ser objeto de concessão. Expressamente excluídas do processo de privatização estão as áreas destinadas a reservas indígenas ou ao uso militar, as unidades de conservação de proteção integral, além de outras. Mas ainda há um número expressivo de áreas que podem ser licitadas para manejo ambiental.

De uma área total de 851 milhões de hectares, o Brasil dispõe de aproximadamente 60% em florestas públicas (516 milhões de hectares). Isso não significa que esse percentual possa ou deva ser concedido. Mas, mesmo considerando os impedimentos e restrições legais, mais de 5 milhões de hectares de florestas públicas federais situadas na região Norte (mais especificamente nos estados do Pará, Rondônia e Acre) foram considerados áreas passíveis de serem licitadas para atividades de manejo florestal por meio do Plano de Outorga Federal.

As concessões podem diminuir os custos governamentais de monitoramento de grandes florestas. E ainda permitir o desenvolvimento ambientalmente adequado do patrimônio florestal.

O que muda com a nova Lei de Concorrência? (7/10/2011)

Demorou. Mas, depois de sete anos de tramitação, a Câmara dos Deputados aprovou a nova Lei de Defesa da Concorrência. Essa alteração legislativa era aguardada com muita ansiedade não só pelos técnicos que hoje atuam na área dentro do governo, como também por empresas e respectivos advogados. E o que muda com a nova lei?

Embora as alterações sejam várias, com graus variados de importância, dois pontos chamam mais a minha atenção. O primeiro é a estrutura que o Conselho Administrativo de Defesa Econômica (Cade) passará a ter. Superando um crônico e histórico problema de escassez de quadro de funcionários, o Cade terá uma estrutura de cargos mais adequada à complexidade do seu trabalho. A lei prevê a criação de 200 cargos de gestores públicos a serem lotados no órgão.

Com essa nova estrutura, algumas iniciativas serão ampliadas em breve. Em particular, a política de repressão a cartéis, o que já tem sido prioridade nos últimos oito anos de governo. Aliás, por meio da Estratégia Nacional de Combate a Cartéis (Enacc), a Secretaria de Direito Econômico (SDE) e o Cade já desenvolvem redes de contatos e elaboram planos de cooperação com o Ministério Público e com a Polícia Federal, de forma a capilarizar as investigações no Brasil inteiro, ampliando o escopo da atuação.

O segundo ponto diz respeito à alteração do sistema de apresentação de fusões e aquisições para análise do Cade. A Lei nº 8.884/1994, que está prestes a ser revogada, permitia que as empresas apresentassem as operações até 15 dias úteis depois de concluídas, o que gerava uma forte demora no procedimento de análise. Agora, o sistema de notificação das operações passará a ser prévio, o que já ocorre no resto do mundo, demandando uma adequação no trabalho dos especialistas que militam na área, que deverão preparar informações e estudos com antecedência, em vez de fazê-lo ao longo do processo.

O Cade hoje recebe mais de 600 fusões e aquisições por ano. E costuma ser duramente criticado pela demora no tempo de análise dessas operações. Embora os números mostrem uma consistente evolução na rapidez de análise (nos últimos 10 anos, o prazo médio de análise passou de 80 para 40 dias), de fato, alguns casos notórios chegaram a demorar mais de dois anos para serem levados a julgamento final pelo plenário. A nova lei, no entanto, impede essa demora e impõe maior eficiência para o órgão, fixando prazo inferior a um ano para um resultado final. Nenhuma fusão será reprovada anos após ter sido implementada.

Não tenho dúvidas. A concorrência no Brasil irá mudar. E para melhor

As três medidas que resolvem o setor aéreo no Brasil (1/9/2011)

Sempre que se fala em Olimpíadas e Copa do Mundo, um assunto vem à tona: aeroportos. Existe certa apreensão de que os aeroportos brasileiros não suportarão o aumento de demanda que esses eventos irão trazer para o Brasil de forma concentrada em algumas cidades (na Copa) e, em especial, no Rio de Janeiro (nas Olimpíadas).

A estratégia para resolver os principais problemas da indústria passa por algumas iniciativas, de forma a garantir não só a prestação adequada dos voos, mas também preços acessíveis a uma maior gama de consumidores, incluindo-se aí os passageiros com menor capacidade financeira. Três medidas, ao menos, dão início à iniciativa governamental para resolver o assunto. Tentarei explicá-las.

Primeiro, a expansão. Acredito que os eventos esportivos não são a verdadeira razão para os investimentos em aeroportos. Eles já eram necessários. Nos últimos 10 anos, a quantidade de consumidores viajando aumentou muito. Contribuiu para isso, de um lado, a melhoria de renda de grande parcela da população, mas também a adequação das companhias aéreas a novas estratégias de mercado, ao passar a oferecer venda parcelada de passagens. Para viabilizar essa expansão, os principais aeroportos do país irão passar por processos de concessão. Já estão previstos editais para os aeroportos de Brasília, Guarulhos e Viracopos. Essa talvez seja a maior mudança no setor em mais de 20 anos.

Depois, a competição. Duas medidas servirão para aumentar a concorrência no mercado, hoje limitada por fatores relacionados a dificuldades de capitalização e de acesso de novas companhias à infraestrutura aeroportuária. A capitalização já tem uma proposta legislativa em trâmite. O Projeto de Lei nº 6.716/2009 do Senado prevê aumento de 20% para 49% do limite para participação de capital estrangeiro em empresas de aviação nacionais. Se aprovada, a medida irá permitir um maior número de empresas capitalizando companhias menores ou mesmo entrando no mercado em parceria com investidores brasileiros. Mais empresas, mais competição.

A garantia do acesso, no entanto, é algo mais complicado. Isso porque a expansão dos aeroportos não necessariamente significa mais competição. Para garantir que esse resultado seja atingido, as autoridades regulatórias deverão modificar regras de acesso à infraestrutura (como acesso a *gates* e *slots*; estes os períodos de decolagens e aterrissagens em aeroportos), assegurando que novas companhias (ou companhias menores) possam entrar nos aeroportos, a fim de competir com TAM e GOL.

Será que algo mais é necessário?

ANS equilibra preços e qualidade dos planos de saúde (10/8/2011)

Recentemente, a Agência Nacional de Saúde (ANS) emitiu a Resolução Normativa nº 262 ampliando o rol de procedimentos médico-hospitalares que devem ser obrigatoriamente cobertos pelos planos de saúde aos seus segurados. Entre os novos procedimentos, incluem-se, por exemplo, cirurgia de redução do estômago por videolaparoscopia e tomografia Pet Scan para diagnóstico de câncer colorretal com metástase hepática. Ao todo, 11 ampliações de cobertura e 58 novos procedimentos foram incluídos na cobertura obrigatória por meio dessa resolução. E qual o impacto nos preços, já que as obrigações dos planos aumentam?

Aliás, antes de entrar nesse mérito, por que não posso contratar um plano que só cobre tratamento de câncer? O consumidor não sabe a quais riscos está mais exposto. Pode acreditar que, em razão de histórico familiar, está mais sujeito a morrer de câncer ou de doenças cardiovasculares, quando os seus maiores riscos podem ser outros ou mesmo impossíveis de serem estimados por um médico (porque podem depender de outros fatores além dos genéticos, como nível de estresse, qualidade da alimentação etc.). Se os planos estivessem livres para escolher quais doenças cobririam, os consumidores os comprariam com base em informações e percepções incompletas, ou mesmo erradas, não tendo cobertura para procedimentos que poderão ser (ou mesmo serão) necessários ao longo da sua vida. Essa assimetria de informação levaria a um excesso de planos que não serviriam para o consumidor, que acabaria pagando sem, no entanto, estar adequadamente coberto.

Por isso, a ANS obriga os planos a ter um contrato-padrão, cujo objetivo é cobrir as doenças catalogadas pela Organização Mundial de Saúde (OMS). Os novos procedimentos são, de tempos em tempos, incluídos a partir do momento em que a ANS constata que passaram a ser práticas terapêuticas consolidadas pela comunidade médica.

Essa preocupação com qualidade, aliás, se traduz em outros regulamentos recentes da ANS, entre os quais a Resolução nº 259, que estabelece prazos mínimos de atendimento. Agora o plano é obrigado a apresentar uma alternativa de consulta em um prazo máximo. Por exemplo, o plano tem até sete dias úteis para providenciar ao seu segurado uma consulta médica básica (pediatria, clínica médica, cirurgia geral, obstetrícia e ginecologia). Caso o plano contratado não cumpra esses prazos (que variam de acordo com o tipo de consulta ou de procedimento médico), deverá reembolsar o beneficiário dos custos médicos incorridos. O objetivo aqui é aumentar a rapidez dos serviços prestados ao consumidor, incentivando o credenciamento de mais prestadores, de forma a viabilizar atendimentos mais imediatos.

Mas, ao incluir novos procedimentos e ao estipular prazos mínimos de atendimento, os preços dos planos não tendem a subir? Para tentar combater essa tendência, a ANS busca estimular a concorrência entre os planos, de forma a impedir aumentos de preços. Também por meio de resolução recente

(Resolução Normativa nº 252), a ANS ampliou as possibilidades de portabilidade de carências para incluir beneficiários de planos coletivos por adesão (essa possibilidade já existia para planos individuais contratados a partir de abril de 2009) e para clientes de operadoras já extintas. Assim, diminui o custo que o consumidor incorre para trocar de plano, tornando mais factível a concorrência entre os planos de saúde não só em preços, mas também em qualidade.

Que outras medidas podem estimular a concorrência entre os planos? E a qualidade?

Já adulta, a meia-entrada precisa ser reavaliada (20/7/2011)

A carteira de estudante já entrou no cotidiano das opções culturais, desportivas e educacionais no Brasil inteiro. O objetivo inicial era o de facilitar o acesso de pessoas em desenvolvimento, e com menor capacidade financeira, a eventos que poderiam auxiliar em sua formação e em seu entretenimento. Seria uma espécie de garantia concreta ao direito constitucional ao lazer e à cultura. Mas, depois de quase 20 anos de meia-entrada, será que não vale a pena fazer uma revisão dessa política?

Os exemplos de normas prevendo o acesso diferenciado para estudantes são vários, espalhando-se pelo Brasil com similaridades e diferenças. Diversas normas se preocupam em não permitir um limite na carga de ingressos destinados para estudantes. A lógica é simples. Esse limite poderia incentivar produtores de eventos a burlar a regra, ao falsear a inexistência de ingressos disponíveis para a meia-entrada. Mas, partindo de uma ideia de boa-fé, poderia também incentivar estudantes a procurar outros tipos de entretenimento, estimulando mais idas a museus ou centros culturais, opções menos populares, do que a jogos de futebol ou cinema, atividades fortemente associadas à meia-entrada. Qual proposta deve prevalecer? A que acredita na boa ou na má-fé?

É interessante ver que, em algumas hipóteses, há peculiaridades curiosas nas diferenças entre as normas dos estados brasileiros. Mato Grosso segmenta o acesso, restringindo a meia-entrada ao ingresso de menor valor ou popular, excluindo expressamente o benefício para camarotes e áreas VIP (Lei nº 1.356/1992). Já o estado do Amazonas é mais abrangente no benefício, permitindo os descontos a todos os tipos de assentos existentes no evento, desde pista (mais populares) até camarotes e frisas (Lei nº 3.076/2006). Mas será que deve existir meia-entrada para áreas VIP?

Outro ponto seria o limite de idade para o acesso à meia-entrada. Aqui, a discussão centra-se sobre qual é a categoria a ser beneficiada; ou seja, se estudantes ou menores de alguma idade (em geral, menores de 18 anos). Há, sem dúvida, grande intersecção entre essas duas categorias, mas a primeira acaba, por vezes, estendendo-se a pessoas com mais de 30 anos (algumas vezes de alta renda) ou a estudantes de ensino superior em grau de mestrado ou doutorado. Faz sentido beneficiá-los, enquanto há categorias da sociedade com renda provável bem menor? O limite de idade não poderia adequar o benefício a quem de fato é (ou deve ser) o objeto da política governamental?

O limite de idade poderia gerar outros efeitos reflexos, como o fim da discussão sobre quem pode emitir a carteira de estudante, que envolve também, indiretamente, medidas para evitar falsificações e a criação de um aparato governamental de fiscalização. A Bahia, por exemplo, criou um sistema de credenciamento junto à sua Secretaria de Educação para que entidades representativas de estudantes possam emitir carteiras. Não bastaria uma simples carteira de identidade para ter acesso ao benefício? Essa, no entanto, pode ser uma visão simplista de um processo que se torna mais complexo, ao incluir novas categorias de beneficiários. São Paulo, por meio da Lei Estadual nº 10.858/2001, já concedeu o direito à meia-entrada para os professores da rede pública. E Brasília o estendeu a todos os professores (Lei nº 3.516/2004).

Mais ou menos beneficiários? Será que a meia-entrada de hoje é igual à inteira de ontem? Como os preços aumentam para as demais categorias, será que existem pessoas de baixa renda não cobertas pelo benefício que, na verdade, têm o acesso à cultura e ao lazer dificultado? A meia-entrada precisa entrar em pauta...

Propostas legislativas tentam prevenir obesidade (29/6/2011)

Nada menos do que 40% dos brasileiros encontram-se hoje acima do peso, estimulados por mudanças nos hábitos de consumo de alimentos. As consequências dessa alimentação inadequada, rica em açúcar, sal e gordura, superam os desconfortos de uma vida sedentária, ao que se pode notar dos gastos públicos crescentes com doenças relacionadas à obesidade, como a diabetes e a hipertensão arterial.

O principal foco de prevenção, ao menos nesse momento da discussão, procura desincentivar o início do hábito do consumo de *fast-food*, usual suspeito da obesidade. Ou seja, avalia e pondera o grau de impacto que o estímulo ao consumo de hambúrgueres e batatas fritas, entre outras delícias, pode ter em crianças. Esse estímulo, logicamente, se dá por meio de publicidade direcionada a crianças ou por meio do oferecimento de brindes para crianças quando do consumo de *fast-food*.

Qual será o caminho da prevenção? Será a propositura de ações judiciais contra as empresas de *fast-food* pela criação de um suposto vício que levaria à obesidade? Ou a criação de regulações nacionais ou regionais impedindo o direcionamento de publicidade de *fast-food* ou de estratégias de comercialização para um público considerado pelo Legislativo como vulnerável, em especial crianças e adolescentes?

Ao que parece, o segundo caminho é o que está sendo testado. Sem entrar no mérito de eventuais fracassos de estratégias judiciais, é fato que os legislativos têm se movimentado para combater a obesidade infantil. Entre as propostas legislativas, encontram-se: (i) a que veda a comercialização de brinquedos acompanhados de lanches (projetos de lei nº 4.815/2009, do Congresso Nacional, e nº 1.254/2010, da Câmara Municipal de Belo Horizonte); (ii) a que proíbe a entrega de bonificação e/ou brinquedo condicionado à aquisição de alimentos e bebidas (Projeto de Lei nº 4.935/2009).

Em todos esses casos, a justificativa é a mesma: esses brindes incentivariam um consumo de alimentos que, em excesso, devido aos percentuais de sal e gordura saturada neles contidos, teriam o potencial de contribuir para a crescente obesidade infantil. E esse público ainda não teria discernimento suficiente, sendo vulnerável aos apelos e às estratégias promocionais, supostamente em detrimento da própria saúde.

Paternalismo excessivo? Ou medida adequada e necessária para prevenir a obesidade?

Estudo avalia judicialização das decisões das agências reguladoras (7/6/2011)

Relatório recentemente apresentado por pesquisadores da Universidade de São Paulo (USP) e da Fundação Getulio Vargas (FGV/SP) revela dados interessantes a respeito da judicialização das decisões das agências reguladoras e do Cade. Não tenho a intenção de descrever em detalhes o relatório, mas apenas de reverberar algumas das conclusões por ele atingidas que ora confirmam o senso comum, ora surpreendem.

Primeiro, o senso comum. O Judiciário demora cerca de seis anos para proferir uma decisão final de mérito sobre uma questão regulatória, geralmente ultrapassando bastante essa média quando resolve anular a decisão da agência. Essa demora, conclui o relatório, reflete uma necessidade de melhora na gestão administrativa dos tribunais e também de especialização em temas para os quais os servidores e juízes não foram treinados quando dos seus concursos.

Os casos são complexos e, em geral, demandam uma atenção redobrada. Os juízes simplesmente não têm tempo para se debruçar sobre complexas questões regulatórias dirimidas por agências como a Agência Nacional de Telecomunicações (Anatel), a Agência Nacional de Energia Elétrica (Aneel) e o Cade. A consequência disso acaba sendo um Judiciário focado principalmente em questões meramente procedimentais, como nulidades processuais, não cumprindo a função de controlar a qualidade das decisões regulatórias, já que não são avaliadas as consequências dessas decisões.

Outro ponto que não é surpresa. Frequentemente, o Judiciário é utilizado como instrumento protelatório das decisões regulatórias. As liminares concedidas impedem a eficácia das decisões das agências, criando incerteza jurídica e estimulando um comportamento oportunista por parte das empresas. Essa postura, segundo o relatório, reflete uma tendência privatista dos juízes de primeira instância, que privilegiam os impactos sobre a empresa recorrente, em vez de avaliar os danos difusos que consumidores e concorrentes sofrerão.

Agora, as surpresas. Há uma forte tendência de confirmação das decisões das agências reguladoras nos tribunais superiores. O percentual de sucesso das agências nos litígios atinge uma média de 60%, com destaque para Anatel, Cade, Agência Nacional de Transportes Terrestres (ANTT), Agência Nacional de Transportes Aquaviários (Antaq) e Agência Nacional do Petróleo, Gás Natural e Biocombustíveis (ANP), todas as autarquias com taxas de confirmação em processos transitados em julgado ultrapassando 70%. E também, sobretudo no Cade e na Comissão de Valores Mobiliários (CVM), há uma tendência à diminuição da judicialização das decisões, sobretudo por conta do desenvolvimento de formas alternativas de solução de conflitos, com fortes investimentos em acordos e técnicas de negociação.

As soluções apresentadas pelo relatório dizem respeito a diversos agentes, entre os quais o Conselho Nacional de Justiça (CNJ), os juízes de primeira instância e mesmo as próprias agências reguladoras. As sugestões vão desde a criação de varas especializadas, com suporte técnico especializado, até a orientação, para os juízes, de que não defiram liminares sem antes ouvir os procuradores das agências. E também incluem medidas mais ousadas, como a revisão direta das decisões regulatórias por tribunais de segunda instância, além de estudos específicos sobre as razões para a judicialização individualizados por agência reguladora, o que pode revelar ainda outros fatores de atraso.

O diagnóstico é bem interessante. Vocês concordam com as sugestões?

Cidade e sustentabilidade

O que aspiradores de pó e ônibus têm em comum? (21/5/2015)

Os investimentos em transporte público que têm sido fomentados por conta dos grandes eventos esportivos, além das próprias concessões de ônibus, têm dado pouca relevância a um assunto urbano dos mais interessantes: os impactos que os ruídos dos ônibus trazem à vida da população brasileira. O assunto pode parecer secundário, considerando que hoje o trânsito e a poluição atmosférica (sobretudo dos veículos em congestionamento) certamente se encontram entre as principais críticas que os cidadãos urbanos apresentam cotidianamente.

Mas o ruído não é tão secundário assim. Estudos europeus indicam que um a cada três cidadãos está frequentemente exposto a ruídos de trânsito, em especial ônibus. E os efeitos negativos não são nada desprezíveis, indicando danos na capacidade auditiva, distúrbios de sono, dificuldades de aprendizado e/ou concentração para crianças, além de problemas mais sérios, como doenças cardiovasculares. Esses mesmos estudos apontam que ataques cardíacos e derrames podem ser o resultado de uma exposição excessiva e prolongada a ruídos acima de determinado patamar.

As pessoas reagem a esse ruído. Passam a valorizar apartamentos de fundo, em detrimento de apartamentos de frente, substituindo vista por silêncio. Além disso, passam a pagar para se proteger do ruído, fazendo proliferar o mercado de janelas antirruído, cada vez mais comuns. É uma reação semelhante à que se verificou a partir de um quadro de violência, que acabou gerando grades para os condomínios, além de um forte consumo de veículos blindados, hoje já em declínio, por conta dos avanços realizados na política de segurança pública.

A camada mais carente da população recebe os piores impactos do ruído decorrente do transporte. Sem dinheiro para adquirir proteções ou mesmo para migrar para ambientes mais silenciosos, diversas comunidades carentes ficam à margem de grandes avenidas, especialmente afetadas por barulho de ônibus. Uma solução, geralmente cara e raramente verificada no caso concreto, é a instalação de barreiras acústicas, que têm efeitos relativos.

Então, o que aspiradores de pó e ônibus têm em comum? A resposta é simples: o ruído. Só que um interessante movimento no mercado de aspiradores de pó já pode ser verificado em diversas redes de varejo. Já se encontram, com alguma facilidade, aspiradores que não produzem qualquer barulho; resultado de demanda por menos ruído, que o mercado atendeu. O preço, naturalmente, é mais caro do que o dos aspiradores barulhentos. Mas não será uma surpresa se, daqui a alguns poucos anos, sequer existam aspiradores não silenciosos.

O futuro certamente é o investimento em transporte público. Mas será que é impossível construir ônibus menos barulhentos?

As cidades e o dinheiro para a infraestrutura (14/12/2012)

Os Jogos Olímpicos são o pano de fundo para profundas reformas urbanas que se avizinham no Rio de Janeiro. Ao lado dos investimentos em melhoria na rede de transporte, a sociedade presta atenção nas iniciativas de revitalização de áreas urbanas degradadas, como é o caso de algumas regiões do Centro da cidade, local com forte potencial turístico.

A revitalização de áreas urbanas é um processo complexo. De um lado, o setor privado precisa de garantias de que o projeto irá funcionar para investir. Ninguém quer ser o primeiro. E ninguém quer ser o último, porque este perde as vantagens inerentes ao processo (como preços mais baratos para a aquisição de imóveis, hoje um verdadeiro *deal breaker*). E, de outro lado, o governo possui limitações de investimentos. Tais limitações acabam por vezes virando o entrave maior para a mudança, já que, sem melhorias de infraestrutura, o setor privado não leva emprego, produtos e serviços para a região objeto da revitalização.

A solução jurídico/econômica para viabilizar os investimentos se deu por meio da emissão de certificados de potencial adicional de construção: os Cepacs. A ideia é simples. Basicamente, o governo emite títulos que dão ao respectivo comprador o direito de construir (ou de mudar a afetação do imóvel, alterando, por exemplo, a finalidade residencial para comercial). Todo o dinheiro recebido necessariamente está vinculado a obras de reurbanização na área.

No entanto, os Cepacs são objeto de críticas as mais diversas. Uma em particular que me chama a atenção é o caráter limitado da sua atratividade. Em resumo, o Cepac geralmente é atrativo apenas para situações peculiares, como a especial reurbanização do Centro do Rio, particularmente da região portuária, que já detém um grau relativamente elevado de infraestrutura, embora sem uma exploração adequada do seu potencial e vocação econômica. Na prática, isso demonstra que grande parte das periferias e favelas seria ambiente em que os Cepacs não conseguiriam reunir atratividade e, portanto, investimentos.

A dificuldade de investimento em infraestrutura se transforma em uma situação mais difícil, ao se levar em consideração a estratégia de planejamento urbano, que buscou soluções de menor adensamento populacional durante anos, estimulando cidades dependentes de carros, mas com apartamentos maiores e mais distantes do Centro. Barra da Tijuca, no Rio de Janeiro, e Alphaville, em São Paulo, são exemplos. Os bairros vieram antes da infraestrutura, e a ausência do transporte urbano estimulou a formação de congestionamentos. Agora, não só o custo da obra é grande para o Estado, mas também para moradores que conviverão (e, aliás, estão convivendo em diversas partes do Rio de Janeiro) com os necessários distúrbios das obras.

Há alguma solução para isso? Será que os empreendimentos imobiliários nas áreas sem infraestrutura devem ser sobretaxados, vinculando-se o dinheiro arrecadado com gastos em obras na área, a exemplo dos Cepacs?

Big Brother urbano (18/10/2012)

A tecnologia modificou a vida das pessoas, com computadores, aplicativos e redes sociais. Permitiu o avanço das atividades empresariais, viabilizando novas formas de produção e gerenciamento, além de inúmeras possibilidades de marketing e comercialização. Mas o que ela faz para melhorar a vida das cidades?

Todos os anos, várias cidades brasileiras sofrem com os mesmos problemas, diariamente ou de tempos em tempos (ou, melhor dizendo, periodicamente). Apenas para lembrar problemas sazonais cujos períodos se aproximam cada vez mais, a famosa música interpretada por Elis Regina faz menção às águas de março que fecham o verão e trazem o caos às cidades brasileiras, provocando deslizamentos em áreas de risco, além de fortes distúrbios para o cenário urbano, aumentando o número de acidentes e prejudicando (às vezes até impedindo) os deslocamentos das pessoas.

A tecnologia promete melhorar esses impactos negativos. No final de 2010, foi instalado um centro de operações para a cidade do Rio de Janeiro. A proposta se baseia na ideia de centralizar um sistema de monitoramento, viabilizado por centenas de câmeras espalhadas pela cidade, para identificar rapidamente acidentes de trânsito, previsões meteorológicas, deslizamentos, entre outros problemas.

Logicamente, o centro busca agilizar o contato com o órgão responsável para resolver o problema. Assim, chuvas podem ser previstas, e a população, alertada. Carros enguiçados, que param o trânsito, podem ser rebocados com maior velocidade. Avisos espalhados pela cidade indicam as melhores rotas para os carros. E assim por diante.

A integração de todas as etapas de uma crise, passando pela estimativa da probabilidade de sua ocorrência até as medidas que permitem resposta efetiva ao problema, é apenas uma faceta das inúmeras possibilidades que o uso da tecnologia no cenário urbano apresenta. Outros países exploram a tecnologia para gerenciar o trânsito de maneira mais efetiva, identificando padrões de congestionamento, isto é, os horários e os percursos em que existe mais trânsito para, por exemplo, desenvolver sistemas de pedágio urbano.

Exemplos não faltam mundo afora. A IBM ajudou a programar um sistema de pedágio urbano na Suécia, por meio de um software que indica períodos de viagem entre rotas específicas em tempo real, levando em consideração o fluxo de veículos. Os resultados foram impressionantes, apresentando reduções significativas nos percentuais de trânsito (acima de 15%) e nas emissões de CO_2 (acima de 10%).

Não há limites para quem investe em soluções baseadas no uso intensivo da tecnologia, seja para controlar chuvas, seja para gerenciar o trânsito. Ou será o limite a própria mão de obra ainda incapacitada para imaginar e explorar as possibilidades?

Onde colocamos o metrô? (22/8/2012)

Os moradores de Ipanema se manifestaram contra a instalação de uma estação de metrô na praça Nossa Senhora da Paz. Embora o argumento para evitar essa estação tenha se alterado (agora a razão é o impacto ambiental decorrente da retirada de árvores da praça), o ponto central é a insatisfação dos moradores com o metrô ali. Se os moradores não querem o metrô, será que o governo deve insistir?

A resposta, por incrível que pareça, está relacionada com o modelo de planejamento urbano para a cidade que, durante algum tempo, estava focado numa proposta de baixa densidade urbana, em que o transporte era (e ainda é) dependente do deslocamento via carro para distâncias mais longas. Essa proposta de planejamento pôde ser vista no movimento de deslocamento dos empreendimentos imobiliários para a Barra da Tijuca, no Rio de Janeiro, e para Alphaville, em São Paulo. Só que os apartamentos maiores, um pouco mais distantes dos centros urbanos, não foram acompanhados por soluções efetivas de transporte público. Daí, portanto, uma das razões para o crescimento desenfreado dos longos congestionamentos.

Fica claro então que, entre outros motivos, a dependência do automóvel se desenvolveu em função do planejamento urbano das cidades. E essa dependência foi agravada pela percepção da nova classe média do veículo privado como símbolo de *status*, relacionando a privatização do transporte (ou seja, a aquisição de um carro) com segurança, conforto e objeto mais imediato de consumo. Claro que essa percepção é incentivada pela política deficiente de transportes públicos (que somente nos últimos anos voltou a ser foco de ações políticas mais efetivas). Ou seja, a ineficiência e a insuficiência do transporte público incentivaram a privatização do transporte, fazendo com que as pessoas comprassem maciçamente carros particulares.

Há, no entanto, uma nova lógica no planejamento urbano atual, favorecendo uma tendência urbanística baseada na exploração (ou criação, quando for o caso) de lugares com altas densidades urbanas, caracterizados por centros locais autossustentáveis. Esses centros, dotados de muita opção de comércio e serviços, seriam essencialmente acessados por meio de deslocamentos a pé, por moradores ou por pessoas que estivessem a eles conectadas por uma rede de transporte público.

O trânsito nesses centros com alta densidade populacional (e muitas opções de comércio e de serviços) não é gerado por conta apenas dos veículos refletindo os deslocamentos dos moradores, mas também dos consumidores que querem acessar aqueles locais para consumir produtos e serviços. Grande parte do trânsito de centros com alta densidade populacional não é, portanto, de moradores. Desenvolver uma rede de transporte público que dê acesso às pessoas que querem chegar nesses centros de consumo de produtos e serviços é, portanto, uma das principais formas de reduzir os grandes congestionamentos nas principais cidades, incentivando o movimento de migração dos veículos particulares para o transporte metroviário.

Esse não é justamente o caso de Ipanema?

Morrer custa caro (8/6/2012)

Custa caro emocional e financeiramente. Esse é um momento difícil. Ninguém presta muita atenção em preços ou mesmo consegue comparar a qualidade dos serviços (funerários) logo após a morte de um parente. Por isso, de vez em quando há uma forte pressão governamental para regular e fiscalizar o setor. Mas será que essa pressão é constante?

Algum tempo atrás, mais especificamente em 2008, a Assembleia Legislativa do Distrito Federal divulgou um relatório final de uma CPI analisando várias denúncias recebidas de práticas ilegais e clandestinas envolvendo o setor, entre as quais a remoção irregular de restos mortais e o desaparecimento de ossadas humanas, além da manipulação equivocada de cadáveres (aqui isso quer dizer que as denúncias refletiam indícios de situações em que vísceras humanas se encontravam misturadas em sacos de lixo e os instrumentos para manipulação dos corpos estavam enferrujados).

Mas as denúncias não paravam aí. Além das situações descritas, o relatório da CPI indicava a existência de incineradores clandestinos, que rapidamente teriam desaparecido após a CPI, e de papa-defuntos, situação em que os agentes funerários ficavam tentando vender serviços para pessoas que ainda estavam em hospitais aguardando a liberação do corpo e o atestado de óbito. Essa prática era considerada abusiva porque abordava os consumidores num momento de alta vulnerabilidade.

Agora, no entanto, o problema é outro. A bolha imobiliária atingiu em cheio os sepultamentos, que passaram recentemente por uma valorização absurda, a exemplo dos imóveis residenciais e comerciais. O metro quadrado do cemitério São João Batista, no Rio de Janeiro, chega a custar mais de R$ 70 mil, superando em muito alguns endereços famosos no Leblon e em Ipanema (mesmo na praia), só para ficar com bairros cariocas. Jazigos custam até R$ 90 mil, ao passo que capelas e mausoléus (com capacidade para até seis caixões) ficam entre R$ 200 e 600 mil nas partes nobres dos cemitérios.

Os serviços funerários e os cemitérios são de competência municipal. Isso significa que existem mais de 5 mil possibilidades distintas de regulação e de estrutura de fiscalização, e não há grupos associativos em defesa dos interesses dos parentes dos mortos (esse grupo seria extremamente pulverizado e, portanto, improvável de ser reunido e de fomentar alguma ação pública). As ações governamentais surgem apenas em reação a excessos, o que parece ter ocorrido em Brasília, como descrevi.

Talvez seja o momento de discutir uma diretriz geral para os serviços, a fim de que se regulem a qualidade e os requisitos técnicos para evitar contaminações por doenças, além de uma proteção para as famílias contra abusos num momento tão difícil. Mas será que precisamos tabelar os preços para impedir esses aumentos? Não há outra solução?

Proibiram os descontos dos táxis. De novo? (22/9/2011)

A Secretaria de Transportes do Distrito Federal, por meio da Diretoria de Transporte Público Individual (Ditrin), proibiu a prática de descontos pelos taxistas de Brasília, recentemente enviando comunicados a empresas de táxi, avisando que, se desrespeitassem essa orientação, seriam autuadas por desrespeito à Lei nº 4.056, que preveria uma tarifa única. Essa orientação atinge diretamente centrais e cooperativas de táxi que oferecem descontos de até 30% para passageiros que utilizam seus serviços. Aproximadamente 40% das empresas de táxi em Brasília oferecem descontos.

Na verdade, a discussão sobre a legalidade do desconto começou em 2007, quando a Lei Distrital nº 4.056 dispôs artigo prevendo, para os prestadores de serviços de táxi, uma série de obrigações, entre as quais "cobrar o valor exato pela corrida, conforme registrado no taxímetro". A dúvida, então, é bem simples: será que esse dispositivo de fato impede a concessão de descontos por taxistas brasilienses?

Para responder a essa pergunta, vale a pena começar por outra. Tem algum sentido econômico fixar os preços dos táxis? Sim, tem. E é relativamente simples explicar. A lógica é justamente evitar o abuso de preços, impedindo que taxistas possam cobrar tarifas maiores de tipos específicos de consumidores (como turistas ou passageiros com algum tipo de dificuldade de locomoção) ou em situações particulares (como no meio de chuvas torrenciais ou na saída de shows ou jogos de futebol).

A lógica de uma regulação no setor de táxis está, portanto, em impedir abusos de preços por parte dos taxistas. Sendo essa a finalidade, não faz qualquer sentido proibir descontos. Não se trata de tarifa única, mas sim de tarifa teto. Um preço máximo fixado no taxímetro que protege o passageiro de eventuais abusos, permitindo, ao mesmo tempo, que haja competição por descontos entre as diferentes empresas de táxi.

E é possível compatibilizar a interpretação do artigo da Lei nº 4.056 com a lógica econômica descrita no parágrafo anterior? Na verdade, a obrigação de cobrar o valor exato quer apenas dizer que o taxista não pode inserir os descontos diretamente no taxímetro, devendo calculá-lo após a corrida conforme a negociação com o passageiro. Aliás, assim têm funcionado os descontos, que aplicam uma redução percentual (em geral, de 10% a 30%) sobre o valor do taxímetro. Afasta-se, assim, qualquer risco de adulteração do taxímetro, facilitando a fiscalização por parte das autoridades competentes, mas viabilizando a prática de descontos, em benefício dos consumidores.

Nem todos os taxistas estão dispostos a conceder descontos. Em geral, taxistas de ponto não costumam utilizar essa estratégia comercial para conseguir passageiros, ao contrário de centrais de radiotáxi, que efetivamente popularizaram os descontos por meio de publicidade. Mas é importante que essa possibilidade esteja aberta.

Acredito fielmente que a Secretaria de Transportes irá rever em breve sua orientação, permitindo os descontos. Por quê? Porque é o melhor para o consumidor brasiliense.

O trânsito pode melhorar? (5/4/2012)

Tentativas não têm faltado. Ao lado das medidas para melhorar transportes públicos, como a construção de mais estações de metrô e a compra de novos vagões, além do processo de concessões de ônibus municipais, os governos têm se fixado em uma agenda de restrição à utilização de veículos privados. E qual é o limite dessa agenda?

São Paulo já tem um rol bastante amplo de medidas restritivas ao uso de veículos privados. Fazem parte da rotina do paulistano rodízio, faixas exclusivas (para ônibus e táxis com passageiros) e, mais recentemente, a proibição no sentido de que veículos longos não possam trafegar das 5h às 9h e das 17h às 22h, de segunda a sexta, e aos sábados, das 10h às 14h (Portaria nº 143/11-SMT. GAB.). Essa última restrição trouxe um alívio, ao menos momentâneo, para grandes vias, como as marginais. Após isso, alguns especialistas em urbanismo deram entrevista sugerindo que essa medida seria insuficiente e temporária, recomendando a imposição de pedágios urbanos, de forma a desestimular o uso de veículos privados em áreas de grande circulação.

E o pedágio urbano é o limite? Não, não é. Primeiro há um plano de uma série de vistorias, não só relacionadas à transferência de propriedade ou de domicílio (intermunicipal ou interestadual), mas também para inspeções sobre manutenção e emissão de gases. O Rio de Janeiro já possui uma vistoria anual. A inspeção veicular possui regulação complexa: atualmente seus procedimentos técnicos estão previstos pela Resolução Conama nº 418 e pela Instrução Normativa do Ibama nº 6 em nível federal, e pela Resolução Conema nº 34 e pela Portaria Pres-Detran-RJ nº 3.962/2008 em nível estadual.

Embora a legislação atual obrigue, no caso do município de São Paulo, a construção de vagas para os prédios novos (Lei nº 10.334/1987), o que gerou um dado no mínimo curioso (25% de toda a área construída de São Paulo é garagem), é possível reverter essa lógica e efetivamente proibir, em novas construções, a existência de garagens, como forma de desestimular a compra de carros (e não seu uso, como seria o caso do pedágio urbano). Igual propósito teria a redução de vagas públicas disponíveis nas ruas das cidades. O exemplo de Amsterdã é emblemático. O Plano de Tráfego e Traçado de Ruas entre 1995 e 2005, iniciativa do Conselho da Cidade, previu a redução de 3 mil vagas de rua, o que submete os motoristas a estacionamentos privados mais caros.

E pode ficar ainda mais difícil ter carros, com a aplicação de impostos progressivos com base na idade do veículo. Bastaria, por exemplo, aumentar significativamente o valor dos IPVAs dos carros mais velhos. Seria um modelo diferente do atual, que desvaloriza o imposto ao longo dos anos, por conta de uma lógica voltada ao valor de mercado do automóvel, que decresce com o tempo de uso. Ao desincentivar veículos mais antigos, que geralmente são os que mais quebram e provocam congestionamentos, os governos estariam necessariamente obrigando uma renovação mais frequente da frota.

Será que algum prefeito vai chegar a esse ponto?

Você tem fome de quê? (28/1/2012)

Essa frase de uma conhecida música dos Titãs, chamada "Comida", curiosamente me fez refletir sobre o impacto do processo de pacificação das comunidades cariocas. Isso porque há um medo generalizado de que a retomada do Estado possa ser algo meramente temporário e dependente da política das UPPs, cujo custo não é dos mais triviais, levando em consideração que o Rio de Janeiro possui mais de mil favelas com uma população superior a 1 milhão de pessoas. Esse medo procede?

Há bons argumentos no sentido contrário. O primeiro deles é a própria demanda por mais Estado pelos moradores das comunidades, já que a ocupação é seguida naturalmente da instalação de uma série de serviços básicos, como os de abastecimento de água e de serviços de limpeza. E, logo após, segue-se a crescente formalização de uma série de outros serviços, como luz e TV a cabo. Até o controle de trânsito de algumas ruas, antes sob poder de traficantes, retorna às mãos do Estado.

A pacificação abriu as portas para um mercado consumidor gigantesco, cujo acesso a serviços se dava de forma precária ou mesmo clandestina, o que, aliás, gerava prejuízos enormes para o resto da população, também estimulando o desperdício (com fortes impactos ambientais). Só a Light tinha perdas superiores a centenas de milhões de reais com roubo de energia; o mero anúncio da formalização levou a um aumento significativo das ações da companhia. E, também como resultado dessa crescente formalização, algumas empresas começam a investir em expansão de serviços. Bancos, como Bradesco e Caixa, e empresas de telefonia, como Sky e Oi, contrataram técnicos e instalaram lojas nas comunidades pacificadas, movimentando a economia local.

A própria cultura das favelas está se adequando à pacificação, gerando um ciclo virtuoso. A contratação dos serviços públicos, ao menos até o momento, não gerou níveis altos de inadimplência, acabando com o mito de que o consumo só existia porque era de graça ou a preços muito baixos. E isso, sobretudo para água e energia elétrica, determinou um consumo racional dos recursos, reduzindo os enormes desperdícios que os preços baixos ou inexistentes dos serviços estimulavam. Na verdade, as empresas também se adaptaram, oferecendo pacotes que viabilizaram a conciliação entre a legalização e o acesso aos serviços. A SKY, por exemplo, ofereceu um plano exclusivo para comunidades com UPPs, comercializando 89 canais a R$ 44.

Além disso, a população está buscando a formalização dos seus próprios negócios. Essas comunidades formavam um verdadeiro "mundo" de comércio, com milhares de pequenos empreendedores e empresas, variando de bares ("biroscas") a papelarias e bazares. Alguns projetos, como o Empresa Bacana, legalizaram diversos empreendimentos, em comunidades como o Complexo do Alemão e a Cidade de Deus.

As pessoas têm fome de formalização. Têm fome de melhores condições de vida. Somente agora o Estado viabilizou o mínimo, ao garantir a pacificação e a instalação de serviços básicos de utilidade pública. Será que, com uma adequada política de urbanização das comunidades, as UPPs farão parte do nosso futuro?

Rio de Janeiro: ame-o e deixe-o (18/11/2011)

Fiz e faço parte de uma geração que olhou o Rio de Janeiro com olhos magoados, saudosos de anos dourados que não chegamos a conhecer. As décadas de 1990 e de 2000 foram ruins para a cidade maravilhosa, com índices preocupantes de violência, crescente desemprego e, pior de tudo, um sentimento generalizado de desesperança. Boa parte dos meus colegas (advogados, economistas, engenheiros e administradores recém-formados) saiu do Rio. Foram para São Paulo. Para Brasília. Para fora do país. Mas essas pessoas estão voltando. Por quê?

É lugar-comum falar disso. No entanto, os eventos esportivos (Copa do Mundo e Olimpíadas) devolveram ao carioca a esperança e o orgulho da cidade, viabilizando recursos, entre os quais parte das obras de mobilidade urbana, incluindo a expansão do metrô e os corredores BRT Transcarioca, Transoeste e Transolímpica, para melhorar o fluxo do trânsito na cidade.

Por conta ou não dos eventos, a situação no Rio melhorou muito ultimamente. A expectativa de empregabilidade está acima da média brasileira, com aumento previsto de mais de 25% pelos empregadores do estado do Rio de Janeiro para 2011. Outros indicadores revelam o aumento de competitividade da cidade, com a redução do tempo médio para abrir empresas (68 dias, ao passo que, em São Paulo, esse prazo é de 152 dias) e boas colocações em índices de complexidade processual para cumprir contratos e facilidade para pagamento de impostos.

A política de segurança pública parece ter encontrado um rumo para amenizar a violência urbana, com a retomada de territórios antes perdidos para traficantes, por meio de uma política de pacificação de favelas com a instalação de UPPs. A acentuada diminuição no número de homicídios na cidade é efeito primário dessa política. E, embora várias favelas ainda precisem passar por processos semelhantes, já se inicia uma discussão sobre as opções de urbanização e de inserção dessas comunidades no cenário econômico e social do Rio de Janeiro. Mudou, portanto, o contexto da discussão. Estamos prestes a virar uma página.

Todas essas medidas precisam ter continuidade. Não podem ser reflexo de iniciativas efêmeras sem um plano de sustentabilidade nos próximos anos. E, por isso, não podem depender apenas do governo. A sociedade civil deve participar mais ativamente da gestão da cidade, colaborando no que pode. E isso, reflexo desse renascido orgulho carioca, começa a ser germinado em iniciativas interessantes. Recentemente, vi o surgimento da ONG Meu Rio (<http://meurio.org.br/>) com pautas para e pela cidade. Vale a pena dar uma espiada.

O título deste texto vale para todos os cariocas que, apesar de amarem o Rio de Janeiro, tiveram que deixá-lo, por contingências profissionais. Ou mesmo por sentirem ter perdido as liberdades mais básicas, como a de circular na cidade e aproveitar seus espaços públicos. Esse sentimento passou. A cidade renasce. E a sociedade acompanha de perto. As favelas foram retomadas pelo Estado. É hora de os cariocas retomarem o Rio de Janeiro. É hora de voltar.

Trânsito modifica preço dos imóveis (6/1/2011)

Ao longo dos últimos três anos, o preço dos imóveis nas capitais brasileiras tem aumentado de forma brutal. Alguns aumentos chegaram a atingir valorizações de mais de 100% nesse período, com bairros ultrapassando preços médios de R$ 15 mil o metro quadrado. Quais as razões que motivam esses aumentos? Será que existe um vínculo entre o problema de transporte e a valorização dos imóveis? E o que acontece com os mercados considerados de "alto luxo", mais conhecidos como bairros nobres?

É claro que o aumento no preço dos imóveis decorre primordialmente de outros fatores, sobretudo daqueles relacionados ao aumento no nível de renda da população e no acesso a crédito, este talvez o principal motor do mercado de habitação. O Brasil tem uma fortíssima demanda por habitação, ainda com inúmeras favelas. Então, ao lado das taxas de juros, os programas governamentais de habitação acabam, por via reflexa, também influenciando os preços dos imóveis em geral, alterando a relação entre custo e benefício do aluguel *vs.* compra.

Mas essa equação também sofre alteração por conta do trânsito. E não apenas no Rio de Janeiro ou em São Paulo, exemplos mais óbvios de cidades com problema no trânsito. A dificuldade no deslocamento pode incentivar a valorização em determinados bairros. Ou mesmo uma relativa desvalorização de áreas mais distantes (na verdade, não fosse o trânsito, nem tão distantes assim). Algumas ruas (e mesmo bairros) já se desvalorizaram porque não comportam o grande fluxo de veículos que lá trafegam ao longo do dia.

O custo do deslocamento não envolve apenas o preço da passagem (quando o veículo é público) ou da gasolina (quando o veículo é privado), mas também o respectivo tempo de trânsito. Embora algumas soluções, como o bilhete único, possam enfrentar os custos da passagem, reduzindo em alguma medida o estímulo à favelização, o tempo de deslocamento somente pode ser resolvido com a melhoria nas condições de trânsito. E isso é bem mais complicado porque envolve uma efetiva melhora no transporte público ao lado de medidas de desestímulo ao uso de veículos privados, sem o que os congestionamentos permanecem.

Alguns movimentos migratórios dentro das cidades, seguidos de respectivas valorizações (para o bairro migrado) e desvalorizações (para o bairro migrante), já são vistos com frequência. O conceito de qualidade de vida está cada vez mais relacionado à distância do trajeto casa-trabalho. E o mercado de imóveis também precifica isso. Essa precificação, na verdade, é uma conformação por parte dos cidadãos com os congestionamentos, que, na realidade, são graves limitações à liberdade de ir e vir.

Não é a primeira vez que isso ocorre. Lembro uma música do Rappa, que tinha o seguinte trecho: "As grades do condomínio são pra trazer proteção, mas também trazem a dúvida se é você que tá nessa prisão". As pessoas reagiram à falta de segurança e se instalaram (ou se aprisionaram) em condomínios. Agora, mesmo que retirem as grades, continuam presas... no trânsito.

Depois dos bueiros, os botijões começaram a explodir? (19/10/2011)

Na semana passada, um vazamento nos cilindros de gás GLP acondicionados no subsolo do restaurante Filé Carioca, no Centro do Rio, provocou uma enorme explosão, com vítimas. O estabelecimento havia conseguido uma série de prorrogações em seu alvará provisório, mas o Corpo de Bombeiros nunca havia vistoriado o local. O assunto tem gerado bastante comoção, além de reações do Executivo e do Legislativo cariocas.

Não tenho a pretensão de analisar a responsabilidade dos envolvidos nessa tragédia, tarefa que cabe às autoridades públicas. Mas gostaria de discutir dois assuntos que derivam desse fato: (i) a formulação ou alteração de normas regulatórias após eventos de grande comoção; e (ii) a inexistência de uma política de integração ou de troca de informações entre diversos órgãos fiscalizadores de uma mesma atividade.

Hoje, a norma permite a instalação de botijões apenas nas localidades em que não há rede de gás, hipótese em que os cilindros devem ser instalados no térreo do edifício em área externa. Mas, logo após a explosão, e em reação à opinião pública, foi apresentado o Projeto de Lei nº 959/2011 à Assembleia Legislativa do Estado do Rio de Janeiro (Alerj) com o propósito de proibir a instalação de cilindros de GLP mesmo em áreas em que não há rede canalizada. Será que essa norma irá de fato proteger o cidadão?

As normas regulatórias que surgem logo após fatos de grande representatividade (como foi, no caso, a explosão) devem ser vistas com cuidado. O problema está na norma de segurança ou na sua fiscalização? Ou mesmo na ausência de troca de informações entre as autoridades reguladoras, no caso, o Corpo de Bombeiros e a Secretaria Especial da Ordem Pública (Seop)? Essas perguntas são necessárias para desenhar uma proposta regulatória que reduza os riscos de segurança que a utilização do gás demanda. E, além disso, parece-me bastante claro que, caso os botijões sejam banidos, há que se perguntar ainda se não ocorrerá um aumento (e não diminuição) do seu uso clandestino e, consequentemente, do risco de explosões.

O Decreto nº 29.881, de setembro de 2008, já previa a necessidade de vistoria prévia do Corpo de Bombeiros para a obtenção de alvará provisório, para atividades de fabricação, manipulação de alimentos em caso de estabelecimento com área superior a 80 metros quadrados. Mas os alvarás foram prorrogados com base em legislação antiga, que não continha essa exigência regulatória (Decreto nº 18.989/2000, modificado pelo Decreto nº 19.222/2000). Além disso, a legislação atual não prevê um limite para as prorrogações de alvarás provisórios. E a própria Seop não tem, ao menos em seu sítio eletrônico, o número de alvarás provisórios atualmente em vigor.

Em vez de banir os botijões, não bastaria, então, aplicar a norma de segurança vigente, impedindo a emissão de novos alvarás provisórios até que seja feita a vistoria pelo Corpo de Bombeiros? E também avisar ao Corpo de Bombeiros dos alvarás que já foram prorrogados com base na legislação anterior?

A urbanização das favelas depende da iniciativa privada (15/9/2011)

A sociedade e o governo começaram a debater a inclusão de serviços públicos nas comunidades. Essa demanda chega num momento em que o Estado retomou (ou está retomando) controle de áreas antes perdidas para traficantes ou milícias, por meio da instalação de UPPs. Mas como deve ser o processo de urbanização? E ele funciona?

Exemplos mundo afora de insucesso são vários. Mas houve recentemente uma iniciativa que merece ser divulgada: a urbanização da favela de Dharavi, na Índia. Por ser a maior favela de Mumbai, com 223 hectares de área e quase 1 milhão de habitantes, o desafio era dos mais complexos, por envolver uma situação crônica de superlotação, escassez de saneamento básico, além de ser inviável a identificação dos direitos de propriedade. E os moradores de Dharavi eram, em sua maioria, trabalhadores informais.

A Agência de Reabilitação de Favelas de Mumbai abriu uma licitação para projetos de urbanização de Dharavi, que seriam divididos em cinco setores, cada qual com obras que deveriam ser simultâneas, com áreas comerciais e residenciais separadas. A lógica do projeto era uma parceria público-privada, por meio da qual os moradores receberiam moradia gratuita, com o título de propriedade, ao passo que os incorporadores teriam permissão para construir e vender o resto. Para cada 9 metros de habitação para os moradores, os incorporadores teriam para si 12 metros para desenvolver projetos privados.

Por que esse projeto funcionou? Embora os preços dos imóveis em Mumbai estivessem em declínio (queda de 25%) após um brutal aumento (300% nos dois anos anteriores), a favela se encontrava em um lugar particularmente interessante, bem próxima do aeroporto, com boas probabilidades de lucratividade para os incorporadores.

E, em vez de concentrar atividades na construção de moradias, o projeto tinha por objetivo desenvolver a área, por meio de fortes investimentos em infraestrutura, com a construção de hospitais, escolas de ensino fundamental e médio, além de estradas, centros comerciais e zonas industriais. Tudo isso dentro do pacote licitado feito pelos incorporadores privados, que elaboraram projetos de planejamento de transporte e infraestrutura, com o auxílio de especialistas em habitação, planejadores urbanos e representantes da comunidade.

Acredito que há favelas no Brasil com perfil muito semelhante a Dharavi. O Complexo da Maré, no Rio de Janeiro, fica próximo ao aeroporto do Galeão e das linhas Vermelha e Amarela. Uma parceria público-privada para a Maré funcionaria? Quais seriam os entraves?

Chegou a hora dos estacionamentos públicos (27/7/2011)

Voltou à tona com toda a força a discussão sobre a falta de vagas para o número cada vez maior de veículos nas principais cidades do Brasil. Após a construção recente de estacionamentos públicos no Rio de Janeiro, essa alternativa começa a ser planejada com mais atenção em outras cidades grandes. É o caso, por exemplo, de Brasília, diante dos problemas para estacionar em áreas centrais da cidade, sobretudo nos Setores Comerciais e na Esplanada dos Ministérios. Mas esquecendo, ao menos por ora, a hipótese de Brasília em particular, será que a construção de estacionamentos públicos é uma boa ideia?

Em geral, a construção de estacionamentos provoca reações muito polarizadas. Uns são contra porque acreditam que a existência de novas vagas (ou, em resumo, a facilidade em estacionar) irá incentivar o uso de veículos privados, aumentando o problema do congestionamento. E outros são a favor, pois enxergam o efeito imediato que decorre da construção de novas oportunidades de vagas em lugares críticos, já que projetos de melhoria de opções de transporte público de massa são demorados e, por vezes, sem resultado efetivo.

Alguns fatores modificam essas avaliações. Entre esses, a localização dos estacionamentos talvez seja um dos pontos mais cruciais. Construídos em lugares errados, podem provocar fortes congestionamentos, prejudicando o trânsito, ao colocar em disputa veículos no tráfego com veículos aguardando estacionar. Para se ter uma ideia desse impacto, basta ver o que acontece em grandes estádios de futebol, quando o fluxo em direção a estacionamentos (ou a fila de veículos esperando a entrada no estacionamento) provoca enormes retenções nas vias públicas, com efeitos reflexos em bairros.

Mas, e se os estacionamentos servissem justamente para incentivar o uso de transporte público? Fora das áreas centrais, poderiam ser pontos de contato com o transporte de massa. Basicamente, isso significa chegar de carro à estação de metrô, o que poderia, inclusive, estimular a ocupação e o desenvolvimento imobiliário de áreas mais distantes, com esperado impacto no preço dos imóveis, a partir da provável desconcentração das áreas mais valorizadas. É claro que essa hipótese depende de uma estratégia integrada com uma rede de transporte público extremamente capilarizada que atinja de forma adequada as regiões centrais de uma cidade grande.

Outro fator é o preço. Os estacionamentos públicos (pagos) podem também servir para desestimular o uso de carros em áreas centrais? Em geral, esses estacionamentos são objeto de concessões que irão buscar o retorno do investimento realizado em sua construção. Investimento esse que não é trivial, já que, em áreas centrais, os estacionamentos costumam ser subterrâneos, o que importa dificuldades técnicas para remanejar as redes de serviços públicos (como de águas pluviais, elétrica e de gás, quando houver).

O preço a ser cobrado pelo estacionamento leva em consideração esses custos, que serão amortizados ao longo do período da concessão, além do número de vagas ofertadas e a demanda esperada por essas vagas (ou seja, as pessoas que estão dispostas a pagar para estacionar, o que, logicamente, varia com o preço cobrado pelo estacionamento). Só para se ter uma ideia, no Rio de Janeiro o preço cobrado pelo estacionamento público na primeira hora é de R$ 8, na segunda hora é de R$ 6, para cada hora adicional são cobrados mais R$ 5, e a partir das 20h o valor é de R$ 15 (valor único para o período noturno, que se soma a outros períodos).

Cada cidade tem as suas peculiaridades e pode ter estratégias diferentes para estacionamentos públicos. No caso específico de Brasília, seria possível pensar em ônibus coletivos na Esplanada dos Ministérios levando servidores para áreas periféricas, onde estariam situados os estacionamentos públicos? As pessoas abririam mão do conforto de seus carros? Aliás, os ministérios costumavam disponibilizar ônibus para servidores até a década de 1990, quando essa alternativa de transporte foi deixada de lado. E se os ônibus tivessem como destino estacionamentos, sobretudo para moradores de localidades fora do Plano Piloto?

Agora já podemos voltar a discutir a construção de estacionamentos públicos...

O número de táxis na rua pode aumentar (6/7/2011)

O município do Rio de Janeiro anunciou a intenção de licitar novas licenças de táxi, movimento que não acontecia desde 2000. Atualmente, existem cerca de 30 mil licenças na cidade. Para que se tenha uma ideia, São Paulo tem um número similar (e vai licitar mais 1.200), Belo Horizonte tem 5.891, Porto Alegre tem 3.925 e Brasília tem 3.400. Essas cidades não emitem novas licenças desde 1996, 1995, 1980 e 1979, respectivamente. Diante de uma forte reação contrária dos taxistas, o que já era razoavelmente esperado diante de precedentes nessa direção, resta a pergunta: precisamos de mais táxis nas ruas?

A resposta a essa pergunta por vezes acaba contaminada por preconceitos e posturas corporativistas. Há argumentos para todos os lados. Vou tentar explorá-los de forma isenta, para permitir uma conclusão imparcial. No sentido contrário às novas licenças, sustenta-se que o aumento da frota de táxis em circulação na rua contribuiria significativamente para o crescente congestionamento do trânsito, em algumas regiões já amplamente (ou até excessivamente) cobertas por esse serviço. Esse aumento, por sua vez, também teria impacto no meio ambiente, já que os carros (e, lógico, também os táxis) são hoje o principal emissor urbano de poluentes no ar, muito embora existam regras de limite de emissões de gases.

A esses argumentos se junta um terceiro: o aumento da oferta de táxis na rua iria reduzir a receita dos taxistas que já estão no mercado, que teriam que dividir clientes com os novos entrantes a partir das licenças emitidas pelo município. Com isso, além de terem que trabalhar mais horas para manter o padrão de renda, os taxistas contariam com menos recursos para investir em melhorias qualitativas nos táxis. Basta ir a São Paulo para verificar que os taxistas têm investido em televisão digital, revistas e mesmo DVDs como opções de lazer no percurso.

Por outro lado, a favor do aumento no número de licenças estão argumentos que procuram desacreditar as premissas anteriores. Alega-se que o aumento da frota de táxi, na verdade, incentivaria uma redução no trânsito, pois criaria mais opções para que as pessoas pudessem utilizar um meio de transporte público, estimulando-as a reduzir o uso de seus carros. E, consequentemente, haveria diminuição, e não aumento, nos níveis de emissão de monóxido de carbono. E, em função da maior competição no mercado, os táxis seriam estimulados a disponibilizar as mesmas (ou até mais) melhorias para seus passageiros, além de descontos nos preços fixados nos taxímetros, prática que já é comum em algumas cidades.

Seguindo essa lógica (a favor do aumento do número de táxis), a pergunta seria outra: será que são necessários limites quantitativos ao número de táxis em um município? Por esse prisma, bastaria apenas criar requisitos qualitativos para que se possa ter acesso ao mercado de táxi, como padrões mínimos para os veículos (anos de uso, bagageiro, quilometragem etc.) e para os condutores (testes de conhecimentos básicos sobre a cidade, ausência de antecedentes criminais etc.). A própria competição no mercado ajustaria o número de táxis que permaneceria circulando na cidade, respondendo à demanda existente.

Liberar o mercado de táxis é uma opção válida? Ou é melhor manter o número atual de licenças?

O pedágio urbano está cada vez mais perto (21/6/2011)

Os congestionamentos diminuem a qualidade de vida, alteram rotinas e valorizam (ou desvalorizam) significativamente imóveis. Só essa frase demonstra o tamanho do impacto de um fenômeno urbano que vem se agravando nos últimos oito anos. Especialistas em transporte urbano apontam as variadas condições de financiamento, que aumentaram exponencialmente o acesso da população a veículos, e a má qualidade do serviço público dos ônibus municipais como as principais razões para o congestionamento. Acredito não haver dúvidas sobre esse diagnóstico. No entanto, resolver o problema é algo bem mais complexo do que entender o problema do trânsito urbano. O que os governos têm feito nessa direção?

De um lado, os municípios têm buscado medidas que terão impacto na melhoria do transporte público, como a realização de novas licitações de ônibus urbano, com a imposição de requisitos que aumentam a qualidade dos serviços, a imposição de bilhete único, para reduzir a desigualdade para os que moram mais longe, e a expansão das linhas de metrô, promovendo de forma mais eficiente uma política de integração dos modais de transporte.

Talvez isso não seja suficiente. Os cidadãos valorizam preço e velocidade do deslocamento quando escolhem um modal de transporte (se ônibus, metrô ou carro particular). Mas, ao contrário do que eu imaginava, valorizam mais ainda o conforto do transporte, conforme pesquisas recentes. Por mais que o transporte público melhore (e algumas medidas têm ido nessa direção), é difícil fornecer uma opção mais confortável do que um carro particular. Coexistem com as melhorias no transporte público urbano, então, regras municipais proibindo o uso de carros particulares em determinados dias (medida conhecida como rodízio) ou restringindo carga e descarga em horários de *rush*, ou ainda criando corredores preferenciais para veículos de transporte de massa. Todas essas medidas incentivam o uso do transporte de massa, ao colocar um custo adicional na comodidade de utilização do veículo privado.

Será isso suficiente? Numa escala progressiva de medidas restritivas do uso do veículo, o próximo passo seria o pedágio urbano. Em cidades como Londres e Cingapura a utilização do pedágio urbano já é uma realidade há anos, com resultados palpáveis no sentido da redução do trânsito. Para ter acesso a determinadas partes da cidade (no caso de Londres, o centro da cidade), o veículo tem que pagar uma taxa diária. Isso acaba desincentivando o uso do carro, motivando sua substituição pelo transporte público, desde que, claro, ele seja de qualidade.

Extremamente impopular e com alto custo político, o pedágio urbano está chegando...

Revitalização urbana (6/3/2014)

Em meio aos inúmeros problemas de trânsito hoje sentidos no Rio de Janeiro, fica difícil entender a importância do projeto de revitalização urbana chamado Porto Maravilha, no Centro da cidade, para os próximos anos. Será que essa experiência é uma novidade? Outros países já a utilizaram? Com sucesso? E qual, em última análise, é a proposta?

Primeiro, a explicação. A revitalização urbana se contrapõe a uma tendência urbanística, que era focada na expansão urbana, em que bairros mais distantes, com imóveis de metragens maiores, apresentavam "novas soluções" para as cidades. Bairros como Alphaville, em São Paulo, e Barra da Tijuca, no Rio de Janeiro, foram os principais exemplos. Alguns anos depois, a explosão do trânsito e a dificuldade de construção de redes de infraestrutura tornaram evidentes as desvantagens dessa opção, impondo um novo modelo de solução.

Em contraposição à expansão urbana, vieram iniciativas de revitalização urbana, mais baseadas em reutilização de infraestruturas já existentes, normalmente localizadas em áreas mais centrais, relegadas a um relativo abandono em função de inúmeros motivos. As iniciativas de revitalização urbana têm sido um enorme sucesso em diversos países, representando uma tendência forte nos últimos anos em praticamente todos os continentes. Exemplos de êxitos simplesmente não faltam, indo desde cidades africanas (District Six, na Cidade do Cabo, e Chiawelo, em Joanesburgo, ambas na África do Sul) até projetos vizinhos ao Brasil, como Puerto Madero, em Buenos Aires, Argentina.

Agora, os prós e contras. Hoje, as políticas urbanas possuem um foco na sustentabilidade ambiental das cidades (fugindo de uma lógica apenas baseada na proteção do patrimônio histórico degradado), o que trouxe uma enorme complexidade à gama de soluções urbanas que as prefeituras, com apoio de governos estaduais e federal, têm que endereçar, sobretudo ao se levar em consideração os prazos políticos.

Revitalização urbana é uma política pública densa, que envolve agentes públicos e privados, lidando com uma série de instrumentos (outorga onerosa do direito de construir, operação urbana consorciada etc.). E que, por sua vez, podem apresentar uma série de efeitos colaterais, como o próprio trânsito, o processo de gentrificação (e seus impactos sociais) e a especulação imobiliária.

Isso não significa que a política pública esteja equivocada. Aumentar a densidade de pessoas em regiões centrais contribui para um melhor aproveitamento das redes de infraestrutura, trazendo outros benefícios econômicos, ao aumentar a competitividade da cidade. Essas vantagens competitivas podem vir por meio de melhorias nas condições de habitação, mas também pela maior diversidade de amenidades culturais e sociais, potencializando vocações turísticas, o que, aliás, é um dos principais objetivos do projeto Porto Maravilha.

Com 17 quilômetros de ciclovias e previsão de mais de 15 mil árvores, o Porto Maravilha fica no centro de uma área de 5 milhões de metros quadrados, apresentando todas as características que demandariam uma revitalização. Agora, é torcer para dar certo.

Diversão e arte (4/5/2014)

Em função de algumas obras de infraestrutura urbana, a avenida Brasil fechou, sendo reaberta logo em seguida. Durou pouco tempo, mas o curioso é que, ao lado de notícias que estimavam o impacto no trânsito, sobretudo na linha Vermelha, os jornais relataram que a avenida, uma das principais artérias da cidade, havia se transformado em área de lazer, sendo "invadida" por moradores locais.

Eu poderia fazer uma correlação simples, ao dizer que isso é um indício de que existem poucas áreas de lazer na Baixada e que o governo deveria fazer algo sobre isso. Mas, ao contrário, pretendo demonstrar como a cidade é um verdadeiro ser vivo e que os problemas urbanos se relacionam intimamente. O tópico, portanto, é entretenimento urbano. E, em segundo plano, como os problemas de saneamento e transporte acabam reduzindo a capacidade dos cidadãos de usufruir as opções de uma cidade.

Correndo o risco de estar errado, a política de entretenimento aborda cinco pilares: (i) pontos turísticos e culturais; (ii) museus; (iii) redes de teatro e cinema; (iv) parques e jardins; (v) praias. É claro que a rede de opções pode estar limitada ou expandida por fatores geográficos ou mesmo de desenvolvimento urbano, mas essa divisão, embora certamente não exaustiva, vai permitir um exercício de relação de políticas urbanas com a possibilidade de usufruto de opções de entretenimento.

Qual a relação entre saneamento e condição de balneabilidade das praias? Na verdade, o problema começa com o déficit habitacional que gera o surgimento periférico (em algumas cidades) e espraiado (em particular, no Rio de Janeiro) de comunidades, além de áreas de expansão urbana, em que a prestação de serviços públicos é deficiente. A ausência de uma política de favorecimento de áreas que detenham infraestrutura de saneamento básico acaba gerando poluição de rios, lagoas e praias, reduzindo a condição de balneabilidade e, consequentemente, as opções de lazer. Basta dizer que, após um programa inicial de despoluição, a lagoa Rodrigo de Freitas, no Rio de Janeiro, passou a ser um centro de prática de *wakeboard* (não obstante já ser há tempos um centro forte de remo e de vela).

E qual a relação entre o trânsito e as demais opções de entretenimento? Aqui, o problema claramente indica uma segmentação da cidade em áreas delimitadas pela disponibilidade de deslocamento do cidadão. Em média, as pessoas têm um limite de tempo que estão dispostas a despender no trânsito, o que, diante dos engarrafamentos, pode reduzir a demanda de atividades de entretenimento. Horas a fio em um carro significam que arenas e teatros não têm a demanda que poderiam ter em razão da dificuldade que o trânsito representa, criando verdadeiras "ilhas" na cidade. E alguns efeitos colaterais surgem também. Recentemente, foi tomada a decisão de proibir o acesso ao estacionamento do Jardim Botânico, uma famosa e centenária opção de lazer no âmago da Zona Sul carioca, já que as filas de carro na rua para entrar no parque começam a, elas próprias, gerar um problema de trânsito.

A reação, claro, é a diversificação dos lugares de entretenimento. Centros que tenham grande densidade de pessoas precisam de atrações. Já precisavam antes e, agora, precisam ainda mais, diante da cidade partida pelo trânsito. E a reação do poder público a essa demanda já gerou alguns resultados interessantes na Zona Norte carioca, caso do parque esportivo de Madureira, com várias quadras de esportes, centros de treinamento, corredor verde, além de cursos em diferentes áreas. O governo prevê uma expansão para o parque, inaugurado em 2012.

Claro que não é só o entretenimento urbano que fica prejudicado. Problemas econômicos e mesmo de saúde emergem da falta de saneamento e do excesso de trânsito. Mas a música antiga dos Titãs ("Comida") relembra que a cidade também precisa de opções e de qualidade de vida.

Tributação urbana (27/5/2014)

No governo federal é comum a discussão a respeito de desonerações fiscais para determinados setores (papel, químicos e plásticos são alguns dos exemplos) com o objetivo alegado de gerar empregos e aumentar a competitividade da indústria. Mas é curioso o já não recente movimento de estados e municípios nessa mesma direção (de desonerações fiscais), mas desta vez com objetivos urbanísticos.

Bom, primeiro vale a pena dizer que essa não é uma tendência propriamente nova. Isenções ou reduções de impostos municipais utilizadas com finalidades urbanísticas são relativamente comuns, fazendo parte do dia a dia de inúmeras cidades brasileiras, o que ocorre, por exemplo, com a isenção de IPTU para a manutenção de imóveis tombados por motivos históricos, turísticos ou mesmo culturais, entre outros. Agora, no entanto, as desonerações estão caminhando para uma valorização de centros urbanos, não somente para revitalizar e reconstruir patrimônios, o que também faz parte do objetivo das desonerações, mas efetivamente para desenvolver a área.

Por que os centros urbanos? Na verdade, os governos municipais tentam reverter uma tendência de décadas no sentido da expansão urbana, cujos efeitos se sentem a partir do crescimento dos problemas de mobilidade das principais cidades brasileiras (aliás, esse não é propriamente um problema brasileiro). Nesse movimento de expansão para novas áreas, com o objetivo de melhorar a qualidade de vida, tendo imóveis com metragem maior a um preço relativo mais baixo, mas mais distantes das áreas centrais, diversos efeitos não previstos ocorreram. E esses efeitos foram bem negativos para a sociedade, prejudicando muito a qualidade de vida nos últimos 10 anos, sobretudo. Talvez o mais famoso desses efeitos negativos seja o já mencionado trânsito, mas outros bem visíveis ocorreram, entre os quais o relativo abandono das áreas centrais urbanas.

Daí, portanto, o interesse em utilizar todos os instrumentos possíveis para poder fazer com que as pessoas voltem para as áreas centrais. Usualmente essas áreas acabam ficando restritas a empreendimentos comerciais ou não residenciais, até em função da tendência de expansão urbana, que gerou bairros como Alphaville e Barra da Tijuca, essencialmente focados em empreendimentos residenciais, sendo o exemplo mais famoso o desenvolvimento maciço dos condomínios na década de 1990. Para tentar combater essa tendência, existe uma expressa preocupação do governo do município do Rio de Janeiro de tentar estimular, por meio de isenções de tributos municipais, a criação de áreas residenciais na região da Zona Portuária, em especial em bairros como Santo Cristo, Gamboa e Saúde, o que tem por objetivo buscar o adensamento urbano, para melhor aproveitar a infraestrutura preexistente.

Projetos de revitalização de centros urbanos, não necessariamente focados no incentivo à construção de residências, já fazem parte da agenda de muitos municípios. Manaus e João Pessoa são exemplos de cidades, respectivamente da região Norte e Nordeste, que também estão seguindo esse mesmo caminho. O interesse daqui para a frente será ver como se dará o renascimento dos centros urbanos e como a nova organização das cidades será no futuro. Isso porque o processo de interação das pessoas dentro do ambiente urbano começa a ter que levar em consideração uma série de mudanças, como o impacto da tecnologia no mercado de trabalho (embora essa questão propriamente não influencie no melhor aproveitamento da infraestrutura das regiões centrais, um dos principais argumentos para o adensamento dessas regiões).

Será que os municípios conseguirão adensar a população, fazendo com que o processo de expansão urbana pelo menos se reduza? Ou os projetos ficarão restritos à valorização de patrimônio histórico e cultural, sendo a hipótese do Rio de Janeiro meramente episódica dentro do cenário de mais de 5 mil municípios?

Tendências de mercado

A tecnologia vai acabar com os despachantes? (1/2/2013)

A cada cinco anos, o período de validade de uma carteira de motorista expira. Deixando de lado os eventuais cursos para a renovação, a burocracia para a emissão do novo documento inspira no imaginário do cidadão uma *via crucis* de filas recheadas por informações desencontradas em guichês que funcionam apenas em horário comercial.

Ainda que esse cenário seja exagerado e, em certa medida, até irreal, é fato que existem vários *bunkers* burocráticos extremamente ineficientes, fazendo proliferar uma verdadeira indústria de intermediários, às vezes chamados de despachantes. Esses intermediários são, na verdade, um custo para o cidadão e também para pequenas e grandes empresas, trazendo impactos negativos, como a redução da competitividade de cidades brasileiras. Será que não existe solução para esse quadro em que poucos se beneficiam dos atalhos da burocracia?

A tecnologia associada a inovações de gestão pode ser o caminho. E já existem experiências recentes nessa direção, sendo o exemplo mais concreto o caso do Poupa Tempo; uma espécie de departamento governamental que funciona como "parada única" para vários serviços. A lógica do Poupa Tempo é justamente uma alternativa ao processo normal de aquisição de documentos, sem burocracias e com foco no resultado para o cidadão. É hoje utilizado para a obtenção de carteira de identidade e de motorista, por exemplo, além de viabilizar inúmeras possibilidades para o cotidiano, como o pagamento de contas e transferências bancárias, tudo isso concentrado em apenas um lugar.

Atingindo níveis de satisfação acima de 95%, a iniciativa do Poupa Tempo traz algumas premissas interessantes para eliminar os despachantes. Não há espaço para intermediários, pois as senhas funcionam apenas para os próprios cidadãos interessados, que serão atendidos por um critério baseado na ordem de chegada, com transparência. O tempo dos serviços ofertados pelo Poupa Tempo também é monitorado, a fim de verificar os períodos de permanência nas filas e a correspondente produtividade dos empregados responsáveis. Com essas informações, torna-se viável a realocação de funcionários para serviços com maior demanda, aumentando a eficiência para alcançar resultados para os cidadãos.

Fortemente focado na utilização de tecnologia, o Poupa Tempo substituiu rotinas baseadas em papel, como a verificação de digitais em arquivos eletrônicos em vez de físicos, encurtando o prazo de conferência, permitindo reduções significativas no tempo de emissão de novos documentos. Além disso, investiu em transparência e rapidez, disponibilizando no site as informações necessárias para cada um dos procedimentos.

Agora, o governo da cidade de São Paulo estuda a possibilidade de implementar projetos similares ao Poupa Tempo para auxiliar pequenos e microempresários na obtenção de microcrédito, apoio jurídico, entre outros serviços. Será que, em um futuro bem próximo, a tecnologia vai matar os despachantes?

Tem uma Starbucks perto de você? (26/3/2012)

Provavelmente sim. A rede de cafés Starbucks vem investindo forte no Brasil, inaugurando uma série de *coffee shops*, sobretudo em cidades de São Paulo e Rio de Janeiro. Sempre imaginei que a Starbucks teria sérias dificuldades para entrar no mercado brasileiro, caracterizado por um forte consumo de café a preços baixos.

À primeira vista, aparentemente a expansão internacional da Starbucks deveria focar mercados em que o hábito de tomar café não existe. Só que essa informação contrastaria com a entrada da Starbucks no Brasil, um país com consumo intensivo do produto. Mas será que é o mesmo produto? Não. Não é. Embora o Brasil já tenha cafés expressos, o mercado de cafés diferenciados, de maior valor agregado, com uma mensagem de qualidade, é ainda pouco explorado pelas redes nacionais (praticamente só o Franz Café atua nesse segmento, mas sem a diversificação da Starbucks, como explico a seguir).

E não é só. Starbucks é bem mais do que cafés diferenciados. A Starbucks oferece a proposta de um terceiro lugar (o primeiro e o segundo, claro, seriam casa e trabalho), em que as pessoas podem ler um jornal, uma revista. Relaxar.

Não à toa a rede de *coffee shops* investe pesado no ambiente, com música, *wi-fi* liberado, além de uma série de jornais e revistas (em meio físico e virtual) com conteúdo liberado (de quadrinhos como o *Homem-Aranha* a jornais como o *New York Times*). É o conjunto café e leitura, meio que um lugar só seu, longe da confusão do trabalho e, às vezes, de casa também.

Ao contrário de outras empresas com marca forte, a Starbucks não investe em estratégias de publicidade de massa. Então, grande parte do sucesso da sua estratégia de entrada está associada à escolha de lugares movimentados, com grande circulação de pessoas. Essas pessoas, ao entrarem num estabelecimento Starbucks, recebem informação a respeito dos cafés e, nela, a associação do nome "Starbucks" a produto (café) de qualidade. Inúmeras marcas não conseguiram fixar essa associação no consumidor. O McDonald's, nos Estados Unidos, está associado à comida gordurosa, de baixa qualidade, para pessoas de baixa renda. E o café do McDonald's é bom.

Ao entrar no website da Starbucks (assim como em uma das suas *coffee shops*), o consumidor passa a conhecer tipos diferenciados de cafés (*latte*, *caramel macchiato*, *mocha*, chamados de "cafés clássicos"), além de bebidas geladas à base de café (como o conhecido *frappuccino* e o *iced caffè latte*). Com essa estratégia, a Starbucks transforma uma *commodity* (café) em um produto diferenciado associado à ideia de qualidade (a própria Starbucks se denomina "o melhor café do mundo"). Na Espanha, país que também tem um consumo intensivo de café, sem a sofisticação dos cafés diferenciados, a Starbucks entrou de maneira bastante eficiente, promovendo campanhas para a formação de uma cultura sofisticada de café, com provas de diferentes tipos.

Embora sempre reproduzindo um ambiente de uma cafeteria italiana, com as já famosas canecas artesanais Starbucks, essa *coffee shop* se adapta aos consumos locais, geralmente reduzindo os riscos de entrada em outros países, ao se associar com *players* já estabelecidos, de forma a entender as peculiaridades do mercado em que vai entrar, por meio de diferentes formas de parcerias, como *joint ventures* ou mesmo contratos de licenciamento. No Brasil, a parceria foi com a empresa Cafés Sereia do Brasil S.A.

Em 1998, universitários realizaram testes químicos em portos americanos, encontrando, como resultado, traços de café na água analisada (em função, claro, do percurso do esgotamento sanitário). A Starbucks já abriu mais de 30 lojas no Brasil desde a sua chegada em 2010. Será que, em breve, nossos rios e mares vão cheirar a café?

É difícil fazer negócios no Brasil? (8/3/2012)

Aparentemente, sim. Essa, pelo menos, é a opinião do Banco Mundial, que, ao elaborar o *ranking* Doing Business, classificou o Brasil como 126º entre 183 países analisados pela pesquisa (o primeiro lugar, considerado o país mais fácil de fazer negócios, foi Cingapura). Mas o que exatamente esse *ranking* significa?

O Banco Mundial seleciona uma série de parâmetros razoavelmente objetivos para avaliar a facilidade (ou, em reverso, a dificuldade) de fazer negócios em um país. Entre os parâmetros, inclui-se a facilidade para abrir empresas, obter alvarás de construção, registrar propriedades, entre vários outros. Para cada parâmetro, existem indicadores específicos, como o tempo e o respectivo custo (para abrir empresas, registrar propriedades etc.), além do número de procedimentos necessários. Então, não vale a pena investir no Brasil? Abrir empresas? Contratar pessoas?

Uma leitura rápida desse *ranking* poderia indicar justamente isso. Mas a realidade indica o contrário. O cenário macroeconômico de estabilização monetária com renda crescente e uma série de investimentos públicos de grande monta têm tornado o Brasil um país muito atrativo. Aliás, tão atrativo que, apesar de dificuldades burocráticas, anúncio recente classifica nossa economia como a sexta maior do mundo, superando o Reino Unido, mesmo após a desaceleração de 2011. Mas, claro, com a redução dos entraves burocráticos, esse cenário pode melhorar. E o que tem sido feito nessa direção?

Esforços recentes para tornar o Brasil um país mais amigável ao investimento privado já não são eventos raros. Melhoraram significativamente os serviços de proteção ao crédito, com maiores possibilidades de compartilhamento e acesso à informação. E, já de algum tempo, o marco legal de falências e recuperação de empresas viabilizou uma redução de mais de 20% no custo do crédito. Além disso, a nova lei de acesso a informações (Lei nº 12.527/2011) pode ser um verdadeiro paradigma fomentador do fim dos intermediários nos procedimentos burocráticos, ao dispor sobre a obrigatoriedade de informações de interesse público independentemente de solicitações, além de prover ferramentas de pesquisa. Trata-se de uma nova estratégia governamental fomentando a transparência, com base em um novo relacionamento entre as empresas e a burocracia, fundado no rápido acesso virtual a informações em portais governamentais na internet.

Isso, claro, não significa que não precisamos avançar. Ao olhar experiências estrangeiras, o México, por meio do órgão Comisión Federal de Mejora Regulatoria (Cofemer), celebra convênios com governos locais com a proposta de melhorar e/ou reduzir regras burocráticas para trâmites e serviços públicos. Um dos maiores êxitos da Cofemer talvez tenha sido a implementação dos sistemas de abertura rápida de empresas, para a modernização administrativa dos trâmites municipais para operação de empresas simples, impondo um prazo máximo de 72 horas em um guichê único (*one stop shop*) para todas as autorizações. Esse procedimento aumentou o processo de formalização de empresas, gerando ainda impactos no número de empregos e também no processo competitivo.

Talvez em alguns poucos anos os empreendedores possam desenvolver um relacionamento meramente virtual com a burocracia, abandonando as filas e o desconforto de penar para descobrir as leis aplicáveis. Será o fim dos despachantes?

Fast-food saudável? (14/3/2012)

A epidemia de obesidade infantil acendeu um sinal amarelo. De acordo com dados da Organização Mundial de Saúde (OMS), mais de 42 milhões de crianças são obesas, sendo fortes candidatas a se tornarem portadoras de doenças crônicas, como diabetes tipo 2 e pressão alta. Qual é a melhor abordagem para enfrentar essa epidemia?

Independentemente das iniciativas de regulação governamental, já é possível ver uma reação por conta dos próprios consumidores, que começam a buscar opções mais saudáveis para as suas refeições, preocupando-se com o nível calórico dos alimentos. *Fast-food* sempre esteve associado à pressa, ao consumidor que abre mão de uma comida saudável em busca de agilidade. Mas, e se as empresas se adaptarem a essa falta de tempo e começarem a oferecer refeições rápidas (*fast*), mas saudáveis (*fast good*)?

Isso já está acontecendo. O mercado já começou a se adaptar. Nos próprios shopping centers, as praças de alimentação já apresentam opções rápidas e saudáveis, de forma a atender consumidores com perfis dos mais diversificados. Os próprios colégios começam a oferecer para os pais uma preocupação com merenda escolar supervisionada por nutricionistas, evitando os vilões conhecidos (batatas fritas e afins). Novos problemas, no entanto, podem surgir no meio desse caminho. A Agência Nacional de Vigilância Sanitária (Anvisa) determina que os produtos devem vir com uma série de informações, como lista de ingredientes (isso inclui calorias, gorduras etc.), origem, prazo de validade, entre outros. Mas o que é exatamente saudável? E como superar essa assimetria de informação do consumidor?

Na verdade, acredito que duas questões têm que ser enfrentadas pelos órgãos reguladores. A primeira, que até antecede o discutido no parágrafo anterior, é o quanto a informação (de que um produto é ou não saudável) faz com que o consumidor mude a sua dieta evitando alimentos com altos teores de sódio, gordura ou açúcar. Ou seja, se a informação efetivamente reduz o consumo de *fast-food*. Caso a informação seja insuficiente, outras medidas poderiam surgir como alternativas, como a taxação de produtos não saudáveis (e/ou redução de imposto sobre os saudáveis). Mas essa medida não é simples, pois pode aumentar os custos de alimentação, além de criar uma discussão sobre o que é saudável. O tiro pode sair pela culatra.

A segunda questão, por sua vez, envolveria lidar com os novos movimentos de marketing que surgirão a partir da maior demanda por alimentos saudáveis. Particularmente, como seria assegurado o direito à informação para o consumidor? Alguns exemplos são ilustrativos dessa pergunta: o que de fato caracteriza um alimento como orgânico? Seria ilegal um anúncio que fizesse uma comparação entre dois produtos, dizendo que um é "mais saudável" do que o outro (mesmo que nenhum seja de fato saudável)? É lógico que comparações não podem induzir o consumidor a erro (o clássico exemplo de que determinada quantidade de chocolate equivale a um copo de leite; os dois alimentos não são comparáveis). Mas e quando forem comparáveis?

É fato que existe uma demanda por alimentos mais saudáveis. Dentro desse contexto, acho que uma pergunta interessante seria a seguinte: seria lícito para determinada cadeia de *fast-food* concentrar seus esforços de marketing dizendo que seus sanduíches são "mais saudáveis" do que os de outra cadeia de *fast-food*? Ou mesmo insinuar essa informação, ao apresentar os valores calóricos dos respectivos sanduíches?

Existe uma bolha imobiliária? (29/2/2012)

Acho que essa é a pergunta que todos se fazem no momento. A valorização dos imóveis nas cidades brasileiras chegou a patamares assustadores. Hoje, o Rio de Janeiro está entre as 10 cidades em que os imóveis estão mais caros, perdendo apenas para Londres, Hong Kong e Tóquio. Mas será que esse aumento todo se dá por conta de uma bolha?

Existem vários argumentos no sentido da existência da bolha. O primeiro é o próprio movimento do preço, com aumentos rápidos e significativos em curto período, típicos de uma bolha. O valor dos imóveis no Rio, por exemplo, literalmente dobrou em quatro anos. No mesmo intervalo, São Paulo registrou um aumento de quase 70%. De janeiro de 2011 até janeiro deste ano, a variação do índice Fipe-Zap no preço dos imóveis foi de 26,4% na capital paulista. Os aluguéis, no entanto, não subiram tanto no mesmo período (o índice Fipe-Zap registrou variação de 13,3%, em São Paulo, entre janeiro do ano passado e deste), demonstrando que a renda dos habitantes das cidades não conseguiu acompanhar a valorização dos aluguéis do mesmo modo que fez nas operações de compra, o que seria mais um indício de existência de bolha. Embora o preço nominal do aluguel (residencial e comercial) esteja de fato maior, o seu valor relativo (percentual do valor do imóvel numa fictícia compra) vem se reduzindo com o passar dos anos.

Por outro lado, o aumento dos preços tem explicações razoavelmente sólidas. Não há dúvida de que os programas de crédito habitacional aqueceram a demanda. E os próprios bancos perceberam que a possibilidade de fidelização de um comprador pagando juros por 30 anos é um negócio que vale muito a pena. Por isso, incrementaram ações e pessoal para buscar esse consumidor específico. O resultado foi um aumento de crédito tal que criou demanda superior à oferta. Outros fatores, peculiares ao Rio de Janeiro, contribuíram para valorizações maiores, como a política de segurança pública e os eventos esportivos (Copa e Olimpíada, entre outros), efeito, aliás, semelhante ao que ocorreu na Espanha (Barcelona 92) e na Grécia (Atenas 2004). Ou seria mais fácil dizer que, no início da década, os imóveis no Rio de Janeiro estavam subavaliados.

Os preços também são influenciados pelo cenário econômico, em que se revela um baixo desemprego e uma renda em movimento crescente. Embora a possível contaminação da crise europeia seja algo a se pensar no horizonte de 2012 (talvez possivelmente compensada pela recuperação americana), o fato é que a probabilidade de uma inadimplência em massa para crédito imobiliário é relativamente baixa, dado o perfil de alavancagem dos bancos brasileiros. Esse é mais um ponto que reforça os argumentos no sentido contrário à existência de bolha imobiliária no Brasil.

Agora, talvez, os preços tenham chegado a um patamar que tende à estagnação. Tudo que tenho lido ultimamente indica que não há mais espaço para os aumentos fortes que assustaram nos últimos quatro anos. No Rio de Janeiro, por exemplo, a variação do preço de aluguel diminuiu 1% de dezembro de 2011 a janeiro de 2012 e tenderá a cair ainda mais já que o IGP-M de fevereiro, que regula o preço da maioria dos contratos de locação, apresentou queda de 0,06%. Os preços dos imóveis paulistas já não valorizam tanto quanto no meio do ano passado: em julho de 2011 houve uma variação positiva no preço de 2,2%, ao passo que janeiro teve valorização de apenas 1,2%.

E se os imóveis voltarem a subir? Moradores de Hong Kong se renderam aos aumentos de preço nos imóveis literalmente reduzindo qualidade de vida, passando a morar em verdadeiras jaulas medindo 1,80 m por 75 cm por R$ 400. Chegaremos lá?

Publicidade torna medicamentos mais caros (1/12/2011)

Há algum tempo, o telejornal da Fox News informou com destaque que expirou a patente do Lipitor, utilizado para controlar colesterol, o que pode representar uma forte redução nos preços para as 17 milhões de pessoas que consomem esse medicamento nos EUA, diante da provável entrada de genéricos.

Espera-se, no momento, o início da propaganda desses genéricos. Com isso em mente, algumas dúvidas básicas surgiram para mim. Qual o papel da publicidade no mercado de remédios? Ele se diferencia no caso de genéricos *vis-à-vis* aos remédios de referência (de marca)?

Os genéricos são medicamentos com a mesma eficácia que os remédios de marca. A proposta é baseada na premissa de que os medicamentos (de marca e genéricos) são iguais, existindo um órgão governamental (no caso brasileiro, a Anvisa) que ateste isso, credenciando os medicamentos após a expiração da patente (o que se consegue por meio dos testes de bioequivalência e biodisponibilidade). Desde a entrada dos genéricos, o governo tenta desenvolver concorrência no mercado, sobretudo devido aos altos gastos com saúde.

Mas a publicidade para os genéricos pode ter efeitos estranhos. Por um lado, pode ser boa, ao incentivar os médicos a receitar esse tipo de remédio, às vezes acima de 50% mais barato, já que passariam a ter conhecimento da sua existência. Hoje, os médicos têm pouco incentivo para conhecer os vários genéricos colocados no mercado e seus preços, pois a legislação permite a substituição do medicamento de marca por um genérico direto pelo farmacêutico. Por outro lado, pode encarecer o preço do genérico, já que investimentos pesados são feitos para divulgar algo que deveria simplesmente servir como forma de empurrar os preços para baixo.

Já não são poucas as propagandas de genéricos (Germed, Ultrafarma e Medley têm anúncios televisivos para genéricos). A propaganda pode desenvolver a noção de que uma marca de genérico pode ser melhor do que a outra, embora a política governamental seja no sentido justamente contrário: os genéricos são iguais e, por isso, competem em preço.

A mensagem é sempre a de que, naquele genérico, o consumidor pode confiar. E essa mensagem preocupa. Os genéricos são mais baratos por dois motivos. Primeiro, porque não há custos de pesquisa (mas só podem ser produzidos após a patente expirar). E, além disso, não consomem gastos com publicidade. Só para se ter uma ideia, 30% a 40% do custo de um medicamento dizem respeito a despesas com propaganda. A indústria é uma das precursoras do marketing de relacionamento, em que o médico recebe constante carga de publicidade, já que ele é o único responsável por receitar os "medicamentos éticos" (que precisam de prescrição), frequentemente também receitando remédios que não demandam prescrição.

Aliás, a existência dos genéricos levou a indústria a investir mais ainda em publicidade. Das 300 maiores anunciantes em 2009 e 2010, existem vários laboratórios, como GlaxoSmithKline, Ultrafarma, Genomma Lab International, Wyeth-Whitehall e União Química Farmacêutica. E também a comprar empresas líderes fabricantes de genéricos, como foi o caso da operação em que a Sanofi Aventis adquiriu a Medley, ambas também grandes anunciantes.

É preciso atenção para evitar que os genéricos passem a competir por meio de publicidade, aumentando seus custos para o consumidor, em vez de competir por preço. Se forem de fato iguais em sua eficácia (e tudo leva a crer que sim), não há por que criar a noção de que um genérico pode ser melhor do que o outro (ou mesmo pior do que o medicamento de marca).

Os sacos plásticos vão continuar nos supermercados (13/7/2011)

Existe uma lei no Rio de Janeiro que obriga os estabelecimentos de varejo a conceder descontos para clientes que dispensam a utilização de sacos plásticos para carregar suas compras. Em geral, esses clientes utilizam sacolas não descartáveis (reutilizáveis), muitas vezes adquiridas nos próprios supermercados. A lei procura uma abordagem diferente de outros lugares, que já prevê o banimento gradual das sacolas plásticas, em função dos impactos ambientais que sua disposição inadequada provoca. Belo Horizonte seguiu esse caminho (a proibição), por meio da promulgação da Lei nº 9.529/2008.

Restringir ou banir? Aparentemente, a restrição parece sempre uma opção mais ponderada do que um banimento, medida em geral utilizada para produtos com potencial de contágio mais grave (embora não se discutam os efeitos deletérios ao meio ambiente causados pelos sacos plásticos). O problema passa a ser verificar se a medida de incentivo de fato funciona, já que aparentemente nada mudou nos supermercados.

Embora não perceptível, a campanha Saco é um Saco conseguiu superar a meta de redução de sacolas plásticas, com 33% de redução de consumo em comparação a 2009. Mas não é possível prever se essa redução irá continuar. Primeiro porque, segundo pesquisa do Ibope feita a pedido do Instituto Nacional do Plástico, as pessoas querem usar sacos plásticos. Praticamente 100% os reutilizam como saco de lixo e 71% consideram a embalagem ideal para transportar as compras para casa. Além disso, o consumidor não tem incentivo para trazer sacolas não descartáveis, pois o desconto é baixo demais (meros três centavos).

Nem todo incentivo decorre de dinheiro, é claro. Há pessoas que respondem a campanhas de conscientização por entenderem os impactos no meio ambiente. Mas grande parte da população de fato não altera hábitos sem uma contrapartida monetária mais substancial. Daí vem a necessidade de aprofundamento de soluções de mercado para o descarte de lixo, que possam permitir a (livre) utilização dos sacos plásticos sem alteração no dia a dia das pessoas.

Essa ideia não é novidade para outros (ex-)vilões ambientais. O alumínio é um caso de sucesso retumbante de reciclagem. A restrição, então, pode ser um caminho intermediário, aplicável até o desenvolvimento de um mercado secundário de plásticos. Há um enorme espaço para a reciclagem, já que hoje, por exemplo, 18% do lixo dos paulistas correspondem a sacos plásticos e menos de 1% desse lixo é reciclado, segundo dados da Secretaria Estadual do Meio Ambiente de São Paulo. E as mesmas características que demonizam os sacos plásticos (em especial, o fato de não serem biodegradáveis) também tornam o produto interessante sob o ponto de vista econômico para os procedimentos de reciclagem.

A evolução dos sistemas de reciclagem pode tornar as restrições desnecessárias no médio ou longo prazo? A reciclagem dos sacos plásticos pode ter tanto sucesso quanto a de alumínio?

Educação e trabalho

O fim das empregadas domésticas? (1/3/2013)

Nos últimos anos o salário das empregadas domésticas teria sido o que mais aumentou entre todas as categorias, gerando uma forte reação da classe média brasileira, acostumada com ajuda para lidar com as tarefas de casa. Por conta de alterações legislativas, que vão atribuir mais direitos, como adicional noturno e seguro-desemprego, anuncia-se uma redução ainda maior de famílias empregando serviços domésticos em um futuro próximo. Será?

Parece muito simplista a relação entre oferta e demanda nesse caso a partir da mera constatação de aumento no custo de contratação. A escassez de mão de obra para trabalho doméstico está inserida em um contexto bem mais complexo, em que se verifica uma verdadeira transformação no mercado de trabalho brasileiro. Na verdade, o aumento de renda e a maior qualificação podem explicar de forma mais apropriada a redução do número de famílias com empregadas domésticas. Esse tipo específico de profissional acaba optando por outras atividades, ou mesmo modificando a relação habitual com a família, seja cobrando mais caro pelos serviços, seja determinando novas condições de trabalho, como dispensar finais de semana.

Parece, então, que a existência desse serviço está fadada ao fim. Pelo menos, assim seria o esperado, já que o Brasil tende a progressivamente continuar a reduzir as diferenças sociais e a proporcionar maiores e melhores condições de acesso a estudo para seus cidadãos, em especial para os mais necessitados. Mas essa, de novo, é uma visão simplista, que desconsidera a possibilidade de o mercado se reinventar, adaptando-se a novas realidades, já que resiste uma forte demanda por serviços domésticos, seja por conta de fatores culturais, para o bem ou para o mal, seja em função da já estabilizada inserção da mulher de classe média no mercado de trabalho.

Essa sofisticação do mercado de trabalhos domésticos já ocorreu em outros países e é uma tendência perceptível no país. Aliás, na Inglaterra do final do século XIX observou-se uma escassez de mão de obra semelhante à que hoje se vê no Brasil, para, alguns anos depois (quase no final do século XX), ressurgir um novo tipo de trabalhador doméstico, mais especializado (que, portanto, cobra mais caro), o qual atende vários clientes (substituindo a relação familiar, de dependência, por uma profissional) e engloba direitos comuns a outros trabalhadores (como previdência e descanso semanal).

Certamente a classe média terá que se adaptar a um novo modelo de serviços, em que a disponibilidade e o custo serão diferentes do que há 20 ou mais anos. Mas não será isso um bom sinal? Uma demonstração de evolução para uma sociedade mais justa e mais equilibrada, em vez do caos anunciado aos quatro ventos?

Bloqueio o Facebook no trabalho? (6/9/2012)

Parte das empresas tem por política interna bloquear o acesso ao Facebook. E isso porque, à primeira vista, evitar o uso de redes sociais preveniria um abuso por parte do empregado ou servidor público em sua utilização, que pode desperdiçar um longo tempo em atividades não relacionadas ao trabalho. Mas será que a intuição não está errada? Não poderá haver algum benefício decorrente do uso de redes sociais no trabalho?

Um recente relatório da Mckinsey abriu os olhos para algumas evidências interessantes. Partindo de dados empíricos de massificação das redes sociais, hoje com mais de 1,5 bilhão de usuários no mundo inteiro, foi possível perceber um processo de adaptação das empresas, que hoje já reconhecem benefícios decorrentes do uso de redes sociais para seu negócio. Entre outras atividades, as redes sociais são particularmente utilizadas no trabalho para tornar mais eficiente a comunicação dentro e fora das empresas, incrementando de maneira contundente o processo de colaboração. As limitações dos processos de interação ganham novos contornos com soluções sociais.

A superação do hoje tradicional e-mail pelas redes sociais se explica, entre outras razões, pela escala, velocidade e funcionalidades extras que o Facebook e outras redes sociais têm. Esses atributos, aliás, são particularmente fundamentais para aumentar a produtividade de empregados, tornando mais rápidas a operacionalização e a distribuição de produtos e serviços, incluindo-se aí também um incremento nos serviços de pós-venda para o consumidor. Não é incomum também a sua utilização como fonte de conteúdo que pode ser posteriormente pesquisável (as recentes mudanças nos e-mails buscam justamente acrescentar mecanismos de busca para incorporar essa funcionalidade, já que um número considerável de informações ficava estático nas caixas de correio).

É claro que a simples existência de redes sociais não é o suficiente. As próprias empresas devem incentivar sua utilização, já adequando as técnicas de gestão de forma a incorporar as soluções que as redes sociais apresentam. De acordo com o relatório, estima-se que as empresas que estimulam as redes sociais como parte de um fluxo de trabalho conseguem reduções entre 20% e 25% no tempo gasto em atividades de comunicação e pesquisa por parte dos seus empregados. E isso não exclui a possibilidade de outras utilizações, como o *crowdsourcing* e a cocriação de produtos, modificando de maneira permanente os modelos de negócios.

O próprio governo federal já está incorporando as redes sociais como ferramentas de gestão. O portal das comunidades virtuais do governo federal, conhecido como Catir, já permite a troca de experiências em gestão dos processos, com redes de pesquisas em vários assuntos, entre os quais finanças públicas. O processo de cooperação e comunicação com troca de experiências em ambientes sociais pode, a exemplo do que já ocorre no setor privado, incrementar a eficiência do serviço público, reduzindo as curvas e os respectivos custos de aprendizado de gestão.

Pelo próprio perfil dos ganhos de eficiência decorrentes do uso de redes sociais, parece óbvio que nem todas as companhias irão se beneficiar na mesma medida. Mas, mesmo assim, diante das inúmeras possibilidades, será que não é hora de desbloquear as redes sociais?

Chega de avaliações? (9/8/2012)

Proliferam nas faculdades as avaliações dos professores. Em cada matéria ou curso, existe um papel que os alunos têm que preencher de acordo com a sua visão a respeito do desempenho do docente em inúmeros aspectos, como grau de conhecimento, disponibilidade para o atendimento, entre outros fatores. Parece uma reação a uma preocupação justa, pois, em tese, permite ao aluno verbalizar a qualidade do ensino que recebe, comunicando suas impressões à direção. Será?

Em artigo publicado recentemente, o professor Clark Glymour, titular do departamento de Filosofia da Universidade Carnegie Mellon, levanta sérias dúvidas a respeito da utilidade das avaliações como instrumento para perceber a qualidade de um docente, sobretudo ao demonstrar que o jogo de incentivos entre alunos e professores leva a uma utilização estratégica desse instrumento, o que pode, ao contrário do inicialmente suposto, até piorar a qualidade do ensino, não contribuindo como um elemento de transparência e controle.

Basicamente, algumas premissas (a meu ver, bem verdadeiras) sustentam concretamente essa conclusão. A primeira é a de que as avaliações são profundamente influenciadas pela expectativa dos alunos com relação às notas (e pouco influenciadas com o quanto aprenderam de fato ao longo das aulas). As avaliações materializam preconceitos contra professores que fazem saber aos alunos que serão rigorosos e que o curso demandará muito trabalho. Particularmente, as avaliações tendem a ser mais baixas para professores que tentam inovar em métodos de ensino, já que existe uma natural resistência ao novo e a mudanças.

A segunda diz respeito a questões de afetividade. Um bom relacionamento com a turma influencia positivamente uma avaliação, o mesmo ocorrendo com professores entusiasmados ou com alta reputação em determinada matéria do currículo da faculdade. Isso explica por que os professores, independentemente da matéria que lecionam (e, também, do seu desempenho como docente), com frequência recebem avaliações constantes, sem oscilações. O tamanho da turma também costuma ser um fator relevante para as avaliações, havendo maior probabilidade de notas baixas quanto maior for a turma de alunos, já que a possibilidade de um relacionamento próximo fica menor com um número elevado de pessoas em sala de aula.

Na prática, então, as avaliações de professores podem gerar incentivos para que os professores sejam menos rigorosos com os alunos, provocando uma inflação de notas (o que, na prática, gera o efeito contrário do que o esperado, reduzindo a qualidade do ensino), bem como para que não apresentem inovações de método, já que o risco embutido na novidade poderia impactar negativamente as avaliações, em função da comum resistência a mudanças. Mais uma vez isso poderia ser profundamente pernicioso, já que as faculdades deveriam ser um celeiro de novidades; um lócus natural de experimentação de formatos e de métodos.

Será que não existem outras formas de avaliar o desempenho dos professores?

A melhor escola para seu filho (11/7/2012)

Essa é a proposta que todo governo deveria ter para a sociedade. Uma lógica fundada em escolas públicas de qualidade, não só porque essa seria uma das principais formas de retribuição dos impostos pagos, mas, sobretudo, porque a educação serve como pilar da criação de mão de obra para oportunidades de emprego, base do equilíbrio social. Qual é, então, a fórmula mágica? Que exemplo devemos seguir para atingir esse objetivo?

Existem indicativos mais óbvios. Há uma maioria absoluta de escolas particulares entre as 10 primeiras classificadas no Exame Nacional do Ensino Médio (Enem). A lógica seria, portanto, buscar um *benchmarking* das melhores práticas administrativas e formatar um modelo a ser seguido pelas escolas públicas. Entre as escolas que serviriam de modelo, aliás, está a Dom Barreto, do Piauí, presença frequente na lista das melhores do Enem e competidora ferrenha do Colégio de São Bento, do Rio de Janeiro, a escola número um.

À primeira vista, a fórmula do Dom Barreto parece simples; quase fácil de ser reproduzida em massa pelas escolas públicas. Período integral de estudos associado a uma disciplina rígida, com acompanhamento constante dos pais aos alunos, que recebem avaliação individualizada desde o seu ingresso na instituição. Essa política se soma a um currículo diversificado, que inclui xadrez, noções de robótica e latim, buscando diversificar a construção de conhecimento para as crianças e os adolescentes que lá estudam em turmas pequenas, com menos de 40 alunos por sala de aula. E tudo isso conduzido por professores formados pelo próprio Dom Barreto, em uma endogenia catalisada com cursos de mestrado e doutorado, fruto de investimentos da escola na qualificação do seu corpo docente. E, por trás dessa fórmula, muita paixão.

E não foram poucas as tentativas de padronizar sistemas de educação. O projeto School in a Box, da Bridge International Academies, lançado no Quênia em 2009, oferece uma proposta de franquias de escolas de baixo custo para educação primária em países em desenvolvimento. O objetivo é interessante, pois pretende obter economias de escala a partir da padronização e da centralização de inúmeros serviços (sobretudo relacionados a áreas meio, como cobranças), para gerar capacidade suficiente para investir em sistemas de gestão, apoio e treinamento do corpo docente, implementando ainda um sistema de monitoramento e de controle de qualidade apurado, possível a partir dos dados que são gerados em toda a rede de escolas do projeto.

Embora os exemplos de sucesso possam ser um caminho, talvez seja oportuno utilizar o diagnóstico do projeto School in a Box para o cenário deficiente das escolas públicas, quais sejam: (i) restrições orçamentárias para o investimento em inovação e infraestrutura; (ii) alta variação em qualidade e custo das escolas individuais; e (iii) dependência de um número restrito de educadores qualificados. Esse diagnóstico também identifica como problema a ausência de controle social dos pais, o que acaba tornando o ambiente pouco propício a gerar incentivo para melhorar os problemas não só de gestão, como principalmente aqueles relacionados à qualidade do ensino.

Alguns problemas crônicos, como escolas superlotadas e materiais por aluno em número deficiente ou mesmo desatualizado, dependem de soluções orçamentárias. Ou seja, simplesmente mais dinheiro. E a padronização pode ajudar nisso, reduzindo custos. Mas como reproduzir a paixão e o compromisso do Dom Barreto em escala nacional? Será que não é hora de investir no professor?

As faculdades precisam se livrar dos concursos públicos? (16/4/2012)

Em praticamente todas as salas de aula nos cursos de direito, a maioria dos alunos já tem uma ideia de futuro bem definida: quer passar em concurso público. Em alguns casos, a vocação direciona para uma carreira específica, como Ministério Público, juiz ou mesmo defensor. Em outros, no entanto, o desejo da estabilidade supera a vocação. Pode ser qualquer concurso. Então, qual o impacto disso nas faculdades de direito?

Não há resposta simples. A demanda direciona a oferta dos cursos, privilegiando o caminho das faculdades que atendem o objetivo dos concursos; muitos dos quais requerem terceiro grau como requisito para ingresso. Como seria particularmente difícil para as faculdades competirem em aprovação para concursos públicos (em geral esse *ranking* é disputado por cursinhos), hoje fazem publicidade comparativa dos índices de aprovação na Ordem dos Advogados do Brasil (OAB), que, aliás, revelam resultados preocupantes. Mas talvez pudessem ser bem piores caso os índices fossem de empregabilidade após formatura.

Direito é um curso barato, sobretudo em comparação com engenharia e medicina, as outras carreiras tradicionais. Reprova pouco e tem um índice de evasão menor, com farta oferta de professores. E, por isso, pode ser um caminho mais fácil para os pretendentes a candidatos a concursos públicos obterem graduação. Li outro dia que há mais faculdades de direito no Brasil do que no mundo (1.200 brasileiras contra 1.100 mundo afora), com alunos e advogados formados em patamares igualmente incríveis (mais de 800 mil advogados inscritos na OAB, que poderiam ser mais de 3 milhões, caso a barreira da prova da ordem — hoje bem significativa — fosse superada). Não há como considerar que esses números existam por conta de uma crescente vocação, nos últimos 10 anos, dos cidadãos brasileiros para a área jurídica.

O Estado faz a sua parte. O Ministério da Educação frequentemente fiscaliza as faculdades de direito que, quando são avaliadas com notas insatisfatórias, podem ser punidas com a perda de vagas até o fechamento do curso. E o Exame da Ordem funciona atualmente como um verdadeiro filtro desse enorme número de faculdades. Mas esses instrumentos de avaliação podem ser insuficientes para gerar um incentivo para que as faculdades inovem nos seus conteúdos e nos seus cursos, sobretudo diante da pressão avassaladora de uma demanda de alunos por programas curriculares que atendam seu único desejo: passar num concurso. O risco desse direcionamento é mais complexo do que parece, já que a faculdade acaba sendo formatada para instruir, se tanto, apenas uma opção profissional, quando existem várias. E, indiscutivelmente, é papel das faculdades oferecer diferentes caminhos profissionais para seus alunos.

É claro que o concurso é uma boa opção. Estabilidade e salários por vezes até acima da média de mercado são uma excelente oportunidade. Mas as faculdades de direito precisam vencer essa tendência de padronização que é efeito de uma demanda por uma instrumentalização do terceiro grau para concursos. Áreas diferentes do direito, cada vez mais importantes no mercado privado, só caem em concursos específicos (ou neles têm papel meramente marginal) e acabam não entrando no currículo da vasta maioria das faculdades. A diferenciação de cursos, respeitado um conteúdo mínimo, pode ser um grande fator de competição entre as faculdades. O que deveria ser um lócus de formação profissional e inovação acaba virando um curso preparatório para concurso.

Essa ênfase em concursos públicos não existia 10 anos atrás. Talvez a oferta de concursos não fosse tão farta. E certamente os salários não eram altos como são hoje. Mas governos mudam e as tendências também. O que vai acontecer com as faculdades de direito quando os salários ficarem defasados? E com os alunos que elas formaram?

Os executivos das empresas brasileiras ganham dinheiro de mais? (11/12/2011)

Talvez nós nunca venhamos a saber. Há ações questionando a regulação que obriga a publicização individualizada e pormenorizada (com a revelação das parcelas fixas e variáveis) dos salários dos administradores de empresas listadas em bolsa de valores. O argumento utilizado pelos advogados para tentar impedir a divulgação está fundamentado no direito à privacidade, previsto na Constituição Federal. Ou seja, o salário seria uma informação privativa do administrador, não podendo ser revelado, sob argumentos relacionados a riscos de segurança.

Mas por que um órgão regulatório quer a publicidade dessa informação? Qual o objetivo que se pretende alcançar com isso? Os interesses dos administradores não necessariamente estão alinhados com os interesses dos donos das companhias (acionistas). É possível (provável, na verdade) que os executivos queiram salários altos, sem compromisso maior com metas ou resultados. Ou seja, sem risco. E que esses salários estejam acima do que seja necessário para manter executivos qualificados. A regulação teria por propósito revelar se isso ocorre ou não, ao permitir uma comparação, para cada profissional, com empresas semelhantes. Seria, portanto, uma medida de transparência para estimular governança corporativa ao informar não só os acionistas de hoje, mas também potenciais interessados em investir.

Em tese, a divulgação dos salários dos administradores tornaria possível aos acionistas verificar se a remuneração está ou não dentro dos valores praticados no mercado, permitindo uma comparação. Isso porque, sem essa divulgação, os custos de monitoramento para os acionistas, sobretudo em empresas com inúmeros acionistas, são muito altos. Eles simplesmente não irão fiscalizar. Além disso, a regulação poderia auxiliar os acionistas a demandar a fixação de formas de remuneração mais alinhadas com os seus interesses, como salários com maiores parcelas variáveis (bônus) atreladas a resultado em vez de salários mensais fixos.

A divulgação dos salários teria por objetivo, então, adequar o valor dos salários dos executivos, além de estimular formas de remuneração que sejam mais vinculadas à eficiência da gestão. No entanto, ao contrário do que se imagina, estudos demonstram que os salários, na verdade, podem ficar mais altos, tendo a regulação verdadeiro impacto inflacionário. Mas o outro efeito ocorreria como esperado. Ou seja, haveria uma tendência maior à remuneração composta por menores parcelas fixas e maiores parcelas vinculadas a resultado, com parcelas maiores de risco (como bônus).

Esse tópico foi a mim trazido no trabalho de final de curso do aluno Daniel Aisengart. Na sua defesa discutimos os prós e os contras dessa regulação. Mas uma dúvida ficou pendente. Será que, ao estimular formas de remuneração atreladas a risco, a regulação não poderia direcionar a contratação de profissionais que podem tomar riscos excessivos para a companhia? O setor bancário americano seria um exemplo?

O método de ensino nas faculdades atrasa o Brasil (28/9/2011)

Sempre tive essa impressão, mesmo quando ainda era aluno de graduação há mais de 10 anos. Acho, no entanto, que os métodos de ensino estão se tornando cada vez mais arcaicos e inadequados para as demandas complexas dos mercados de trabalho, o que prejudica a competitividade e o desenvolvimento do país. Parece algo lógico falar que as novas gerações impõem novas formas de ensino. Mas os professores resistem, insistindo em métodos que aprenderam quando eles próprios eram alunos.

Esse é um conflito bastante atual entre docentes e discentes, mas que precisa de um diagnóstico mais extenso para que soluções possam ser discutidas. E é claro que as reflexões seguintes se aplicam a algumas faculdades, não valendo para todo e qualquer curso. Mas, em particular, acredito que elas são bem reais e verdadeiras para os cursos de ciências sociais aplicadas.

Primeiro, o que mudou? O professor era a fonte principal de informação para os alunos, numa época em que o acesso a dados era algo custoso. Daí, portanto, o método de ensino e a respectiva avaliação serem baseados em exercícios valorizando, sobretudo, a capacidade de memorização do aluno. Hoje, ele (o professor) não é páreo para a quantidade de dados a que um aluno tem acesso. E nem poderia ser. Os alunos acompanham as aulas verificando as informações em tempo real, valendo-se, para tanto, de internet *wi-fi* em sala, constantemente usando *smartphones*, acessando Facebook e Google.

A memorização tornou-se um exercício, se não impossível, pouco útil para uma sociedade que tem um acesso brutal a informações a um custo baixíssimo. O aluno, depois da avaliação, simplesmente esquece o tanto que decorou para poder passar na prova. O desafio é, portanto, processar as informações, e não memorizá-las.

E como solucionar esse problema? Não há fórmula mágica, mas o professor não pode ter resistência ao novo. Precisa entender que a interação com os alunos é a solução para prepará-los para os desafios contemporâneos, em que um profissional precisa ser plural. O aluno precisa saber escrever de modo conciso e objetivo, falar bem em público, negociar e interagir, não importando qual o seu anseio profissional mais imediato.

Para tanto, o professor deve enfrentar a comum resistência a exercícios que estimulem raciocínio e que fujam de um modelo expositivo tradicional, em que o aluno assume uma postura sempre passiva (e, provavelmente, desinteressada, ao longo das horas). Ele precisa cativar o aluno, escolhendo matérias e métodos interessantes, inovando na forma de lecionar. O professor deve ainda ingressar no mundo dos alunos, encontrando formas de interação via redes sociais e blogs, que permitam novas ferramentas e possibilidades de ensino.

Será que os professores conseguirão vencer esse desafio?

Ensino superior e oferta de trabalho (24/8/2011)

Todo final de ano, os jornais publicam matérias sobre as "carreiras do momento", julgando que esse é um fator importante na escolha do estudante, ao considerar as opções de curso de ensino superior. A premissa é simples: os jovens buscam não só uma formação acadêmica, mas, sobretudo, uma possibilidade de colocação futura no mercado de trabalho. Parece que essa relação entre escolha da faculdade e oferta de trabalho é óbvia. Mas será que é mesmo?

O Programa Universidade para Todos (Prouni) oferece bolsas de estudo integrais e parciais para estudantes interessados em ingressar em cursos de ensino superior. O Prouni viabiliza o acesso a qualquer curso em que o estudante esteja interessado. Mais de 170 mil alunos já se formaram usando o Prouni. E quase 900 mil estudantes de baixa renda receberam e/ou estão recebendo bolsas do Prouni, o que demonstra o sucesso do programa.

O lógico seria que esses estudantes estivessem escolhendo as carreiras mais demandadas pelo mercado de trabalho, certo? Ao contrário do que se poderia imaginar, administração e direito são dois dos três cursos que mais formaram profissionais com bolsas do Prouni (quase 35 mil formados). Essas profissões, se não excessivamente saturadas, certamente não atendem às maiores necessidades do mercado de trabalho brasileiro, hoje em crescimento e com muitas vagas para engenheiros (dos mais diferentes tipos), geólogos, arquitetos e para profissões relacionadas à informática (como profissionais de TI em geral).

O próximo passo do Prouni seria, então, adequar as bolsas às profissões cujos profissionais estão em falta, como uma forma de garantir uma maior inserção no mercado de trabalho. Consequentemente, as bolsas para profissões saturadas deveriam diminuir (os exemplos não são poucos; cursos como jornalismo, psicologia e direito). E os cursos de engenharia e informática deveriam ser estimulados. Essa adequação deveria, inclusive, ter uma abordagem regional, já que as ofertas de trabalho nas regiões brasileiras variam. Basta dizer que a região Norte demanda mais profissionais de engenharia mecânica, civil e mecatrônica, ao passo que a região Sul tem maior demanda por profissionais de TI.

Esse não é um desafio fácil. Primeiro porque direciona o sonho e mexe com vocações. Além disso, o custo para as faculdades é diferente. Os cursos de engenharia e de informática demandam investimentos maiores do que cursos de direito ou de administração. Precisam de laboratórios, além de haver uma oferta menor de professores. E, para piorar, são cursos (especialmente engenharia) com altas taxas de evasão.

É hora de desincentivar os estudantes a escolher o curso de direito?

O Exame da Ordem (OAB) merece resistir aos ataques? (3/8/2011)

Nesta última semana, o Supremo Tribunal Federal (STF) dispensou a necessidade de registro em órgão de classe para que músicos possam exercer a profissão. Essa decisão normalmente não chamaria a minha atenção (não sou músico nem tenho pretensão de sê-lo, por absoluta falta de talento), mas ela reflete uma tendência de um número maior de questionamentos judiciais sobre os requisitos para o acesso ou exercício de determinada profissão. Eis, então, o meu verdadeiro interesse: será que o Exame da Ordem dos Advogados tem algum sentido?

A atualidade dessa pergunta se dá em função da crescente insatisfação com os resultados divulgados do Exame da Ordem, que reprovou aproximadamente 90% dos seus inscritos. E, mais ainda, porque, recentemente, o MPF emitiu parecer, concluindo pela inconstitucionalidade da exigência, ao argumentar que o exame nada mais seria do que uma forma de reserva de mercado para os advogados já inscritos na OAB. O exame seria, então, uma restrição indevida ao livre exercício ao trabalho, já que o ingresso direto dos bacharéis em direito no mercado não representaria qualquer risco de dano à coletividade. Argumenta ainda que o próprio curso de bacharelado em direito já tem viés informativo (teórico) e prático (profissional), ao exigir estágios como forma de preparação para o mercado de trabalho.

A resposta à pergunta formulada no primeiro parágrafo passa por outras: qual o papel das faculdades de direito na sociedade brasileira? E qual o papel do exame? Como reflexo de políticas de expansão do ensino superior, um número bastante considerável de instituições de ensino jurídico surgiu ou abriu novas unidades, sendo responsável por um fenômeno interessante, ao viabilizar um início de massificação do acesso a faculdades. Aliás, há inúmeras razões que podem justificar a escolha, pelo setor privado, de investir em faculdades de direito, sendo os mais óbvios os respectivos custos de instalação e de manutenção (pela ausência de laboratórios técnicos e pela generosa oferta de professores potenciais ou efetivos, ainda que não doutores), além de uma demanda crescente (por conta dos concursos públicos).

Mas a massificação justifica o Exame da Ordem? Ela significa que os cursos de direito estão ficando piores? Será que existe alguma razão de interesse público que justifique uma barreira de ingresso à profissão? Primeiro, há um aumento nos controles qualitativos. O próprio MEC, nos últimos anos, tem buscado frear o crescimento de faculdades, ao condicioná-lo à observância de requisitos de qualidade, com avaliações de desempenho.

Além disso, parece-me que a avaliação do MEC não seria suficiente. A relação entre advogado e cliente é complexa. Em muitas vezes, os clientes são incapazes de avaliar o trabalho de um advogado, sobretudo em um primeiro contato com o mundo jurídico. São vocabulários e ritos próprios. Resultados judiciais nem sempre compreensíveis a olhos leigos. Não é fácil para um cliente avaliá-los. Diante de inúmeras faculdades de direito, os custos para procurar e contratar advogados se reduzem diante de critério que sinalize para a sociedade profissionais com os requisitos necessários. O exame, então, seria uma forma de credenciar profissionais aptos a exercer a profissão, reduzindo a assimetria de informação entre cliente e advogado.

Mas os papéis do MEC e da Ordem dos Advogados não seriam sobrepostos? Nos Estados Unidos, as faculdades de direito possuem um currículo de matérias mais plural, apresentando oportunidades de ensino de assuntos que nem de longe passam pela prova da Ordem, o famoso *Bar Exam*. Assim, cria-se uma relação complementar, em que a faculdade tem mais espaço para inovar e produzir conhecimento, ao passo que o *Bar Exam* garante à população a informação sinalizando quais bacharéis estão aptos a representar interesses privados. Se o MEC tivesse que assegurar apenas a adequação ao mercado de trabalho específico ao curso, esse objetivo não provocaria uma padronização excessiva das faculdades de direito?

Aliás, relembrando mais uma vez os Estados Unidos, lá os advogados são obrigados a fazer, além do exame, uma atualização obrigatória de treinamentos jurídicos (*continuing legal education* — CLE). Essa tendência sinalizaria uma preocupação não só com o mecanismo de entrada na profissão (materializada pelo Exame da Ordem), mas também com o contínuo aprimoramento das habilidades de representação jurídica de interesses privados.

O Exame da Ordem é uma reserva de mercado? Acabou equivocadamente se transformando em concurso público? Ou é uma forma de proteger a sociedade, ao mesmo tempo permitindo maiores possibilidades de inovação por universidades? Será que não seria o caso de estender exames a outras profissões? Em caso positivo, quais?

Ranking das faculdades é um bom critério de qualidade? (20/9/2013)

O investimento em educação costuma ser uma das agendas governamentais mais demandadas. A razão para isso é relativamente simples: embora não seja particularmente visível a olho nu, existe um forte vínculo entre a qualidade dos recursos humanos que entram no mercado de trabalho e o grau de competitividade de um país. O problema passa a ser, então, como medir e, portanto, melhorar a qualidade da educação?

O Brasil está em um momento interessante, em que inúmeras iniciativas de expansão, recentes e atuais, convivem com uma maior pressão por qualidade. Após um momento em que novas faculdades públicas foram criadas, e instrumentos de financiamento estimularam o aumento de vagas disponíveis nas faculdades privadas, as atenções se voltaram para os indicadores de qualidade da educação do ensino superior. O governo realizou mudanças nos indicadores e variados *rankings* surgiram de forma a divulgar as melhores faculdades.

É claro que a preocupação, governamental e não governamental, com a qualidade do ensino é algo intrinsecamente bom. O próprio formato do indicador de qualidade utilizado pelo MEC (o Índice Geral de Cursos — IGC) vai na direção certa, pois avalia pontos e variáveis relevantes para a construção e o desenvolvimento de melhores cursos de ensino superior, como infraestrutura, corpo docente e rendimento dos alunos, divididos em percentuais não iguais, para compor uma nota que vai de um a cinco (sendo um e dois conceitos insatisfatórios e que geram sanções regulatórias, que podem ir desde a redução de vagas até o fechamento do curso). O rendimento dos alunos é aferido por meio do Exame Nacional de Desempenho dos Alunos (Enade), uma prova que avalia o conhecimento e a evolução do aluno dos cursos de graduação.

Dois pontos, no entanto, preocupam. O primeiro diz respeito à adequação dos cursos à prova, o que pode trazer um efeito um tanto quanto indesejável, o de padronização do ensino superior, reduzindo o espaço para inovação e experimentação. O objetivo passa a ser a colocação nos *rankings* e nos índices governamentais, e não propriamente o ensino. Em vez de formar alunos para pesquisa ou para o mercado de trabalho, a educação pode passar a ser instrumentalizada para a prova de avaliação, o que, particularmente, é um desafio, uma vez que os alunos têm poucos incentivos para levar a sério o exame, cujo resultado é sigiloso e não impacta o histórico do aluno avaliado, trazendo possíveis distorções para a avaliação.

Entretanto, esse risco deve ser ponderado com o efeito positivo das provas, que é o de estabelecer um critério a partir do qual se possa avaliar a necessidade de intervenção regulatória a fim de garantir uma qualidade mínima. Mesmo porque a padronização dos cursos se dá, sobretudo, em função das Diretrizes Curriculares Nacionais, que preveem as disciplinas e os formatos das graduações no país, reduzindo a flexibilidade dos cursos.

O segundo ponto, por sua vez, se relaciona com a possível criação de uma cultura de proliferação de *rankings*, em que os critérios, não governamentais (é bom que se diga) e nem sempre transparentes, passam a ser também objeto de desejo, provocando, igualmente, adaptações do currículo, visando o resultado (uma posição superior no *ranking* divulgado). Mas os *rankings* são um natural reflexo de uma maior preocupação com a qualidade e também com a necessidade de sinalizar os melhores cursos para que pais e alunos possam escolher.

Esse momento de transição, em que a expansão começa a ser colocada ao lado da qualidade, traz desafios interessantes. Aumentar a qualidade sempre dá espaço para avaliações de percepção, cujos resultados dão oportunidade a interpretações. Quais serão os próximos passos para o incremento da qualidade? Será o aumento dos *rankings*? Outros indicadores?

Internacionalização do ensino (24/3/2014)

O *ranking* da consultoria britânica Times Higher Education divulgou resultado, não classificando nenhuma universidade brasileira entre as 200 melhores do mundo. Embora as conclusões desses *rankings* devam sempre ser, de alguma forma, relativizadas, esse resultado dá espaço à pergunta: como melhorar?

Parte, ao menos, da resposta está no desenvolvimento de estratégias de internacionalização das universidades brasileiras. Programas governamentais começam a estimular o envio em massa de estudantes brasileiros para universidades estrangeiras. O exemplo mais significativo ultimamente é o programa Ciência sem Fronteiras, que viabiliza o envio de milhares de bolsistas para programas estrangeiros de engenharia e ciências exatas. O movimento de saída de alunos cresceu. Mas e o movimento de chegada?

As universidades brasileiras resistem a iniciativas mais agressivas de internacionalização. Poucas faculdades oferecem cursos em inglês, tornando inviável o recebimento de alunos estrangeiros em maior escala. Com demanda por mão de obra qualificada, o país seria um forte candidato a receber um número substancial de alunos estrangeiros. E o curso seria uma porta de entrada para o mercado de trabalho brasileiro. Mas a língua é um impeditivo para essa estratégia. Aliás, não só faltam professores qualificados a dar aulas em inglês, como os próprios alunos têm dificuldade em dominar o idioma, o que acaba sendo uma barreira ao acesso ao Ciência sem Fronteiras.

Lá fora essa dificuldade já foi superada. Instituições como a Tilburg University, na Holanda, ou a Libera Università Internazionale degli Studi Sociali (Luiss), na Itália, oferecem programas de pós-graduação inteiros em inglês, justamente buscando uma estratégia de inserção internacional. Na verdade, essas faculdades passam a competir por alunos mundialmente, em vez de ficarem restritas ao país de origem dos estudantes. As pesquisas e os trabalhos acadêmicos dos professores são também produzidos em inglês (ou traduzidos), a fim de livrar as comunidades acadêmicas de barreiras geográficas.

É claro que essa estratégia tem riscos. Não é interessante escrever apenas sobre assuntos globais. E menos interessante ainda é um processo de internacionalização em que o professor brasileiro passa a reverberar apenas a agenda de pesquisa de outros países. Parte do trabalho do acadêmico é entender os problemas do país, oferecendo soluções para a sociedade brasileira. O Brasil tem fenômenos particulares a serem estudados com maior profundidade, como a ascensão rápida de um número enorme de indivíduos para a classe média e o impacto disso na qualidade de vida das pessoas na cidade (o que pode ser visto com o aumento do trânsito) e também nos serviços prestados ao consumidor (como telecomunicações e planos de saúde).

Aqui, o equilíbrio é a chave do sucesso. As universidades têm que se abrir ao exterior, recebendo e enviando alunos. E também sendo capazes de dialogar com as pesquisas lá de fora. Mas sem perder a identidade.

Educação: conteúdo vs. habilidade (3/4/2014)

Os principais jornais divulgaram ontem a notícia. A Organização para a Cooperação e Desenvolvimento Econômico (OCDE) realiza estudos, por meio do Programa Internacional de Avaliação de Alunos (Pisa), com o objetivo de verificar qual a capacidade de raciocínio de estudantes de 15 anos para resolver problemas de matemática em situações reais. E o Brasil não atingiu um bom resultado, ficando em 38º lugar entre 44 países. Fiquei com uma dúvida específica: será que é só na matemática que ficamos mal em raciocínio?

Costumo comentar as faculdades de direito, por razões óbvias. E o interessante é que, desde a sua formação, inicialmente pensadas para gerar quadros para a burocracia, as faculdades de direito não conseguiram se livrar dessa herança. As aulas são focadas essencialmente em conteúdo, como se fossem preparativos para um posterior concurso a ser prestado pelos alunos; a "única" solução profissional esperada e pretendida, não importando, aliás, qual o Poder (se Executivo, Legislativo, Judiciário ou Ministério Público) ou mesmo a carreira, jurídica ou não.

Praticamente todas as mudanças curriculares se fundam na pergunta: qual o conteúdo adicional que os alunos têm que aprender? Algumas faculdades selecionam os últimos anos como formas de especialização, em que os alunos têm a opção de matérias ditas "profissionalizantes", já adiantando um processo de pós-graduação *lato sensu*. Essas alterações são feitas, em grande medida, para acomodar um número maior de matérias focadas na transmissão de conteúdo, sem grandes alterações no formato didático, cuja prova funciona como um mero teste de memorização. Dentro em breve, a necessidade de transmitir mais conteúdo poderá levar a um aumento no número de anos necessários para a graduação, passando de cinco para seis anos (ou mesmo mais).

O problema é que, mundo afora, discute-se o contrário. Ou seja, a diminuição dos anos de graduação e a inserção mais imediata no mercado de trabalho. Lógico, são sistemas diferentes, em que o processo de formação passa por outras etapas (nos Estados Unidos, por exemplo, os alunos fazem um curso de formação geral antes de entrar na faculdade de direito). Mas o ponto interessante (que não é a redução ou o aumento dos anos de curso) diz respeito às premissas das alterações curriculares e, consequentemente, às opções que as faculdades adotam para se diferenciar (como foco, professores e, também, didática).

Essas premissas me levam de volta à questão do raciocínio. Não há como abrir mão de um mínimo de conteúdo, sem o que todo o processo de aprendizado fica prejudicado. Mas a profissão jurídica hoje demanda um profissional mais complexo, em que determinadas habilidades são centrais para o desenvolvimento de um estudante. As faculdades estrangeiras perceberam isso e começaram a equilibrar aulas de conteúdo com aulas de habilidade, em que o aluno desenvolve a capacidade de falar em público, escrever de forma objetiva, negociar e até empreender. O conteúdo, nessas matérias, é meramente instrumental ao objetivo primário de ensinar uma habilidade específica.

Os desafios para essa mudança no Brasil não são poucos. O primeiro é a escassez de professores qualificados que saiam do modelo de aula baseado na memorização. A cultura jurídica no Brasil privilegia esse modelo há muito tempo. Mudar será muito difícil. E o segundo é a própria necessidade de alteração na postura do aluno, que não poderá mais ser passivo, aguardando a transmissão de um conteúdo (que hoje está todo disponível na internet em todas as línguas possíveis). O trabalho fora da sala de aula deverá ser muito maior, para que a experiência em aula seja diferente, focando um objetivo distinto ao de meramente tomar conhecimento de um conteúdo específico.

É claro que é importante que os alunos saibam qual a posição do STF sobre determinado assunto. Mas é mais importante que tenham as habilidades para fazer com que essa posição mude, quando for o caso.

Competição e políticas de intervenção

Água é a vantagem competitiva brasileira (9/2/2012)

As previsões ambientais são preocupantes, com indicações de esgotamento e/ou drástica redução de recursos naturais. O Brasil, no entanto, é um país privilegiado, sobretudo por dispor de 12% das reservas de água doce mundial, com apenas 5 milhões de hectares de terra agrícola irrigada. Mas como o Brasil pode manter sua vantagem competitiva?

A racionalização da água é uma estratégia que passa por ações com impacto tanto na demanda de água para os seus usos (entre os quais consumo humano e irrigação, além de inúmeras utilidades industriais), quanto na oferta do recurso (principalmente baseada na extração de água doce por meio de companhias de saneamento).

As campanhas de racionalização do uso da água têm seu papel, mas ele é limitado. As pessoas e as empresas reagem a incentivos. A instituição de cobrança pelo uso da água tem estimulado a adequação das companhias que a utilizam de forma intensiva, também sendo importantes para gerar recursos para ações de recuperação específicas à bacia hidrográfica. Com o aumento do "preço" da água, algumas indústrias estão investindo em técnicas de reutilização dos recursos, reduzindo custos. Quanto mais investimento em reutilização de água, menos se gasta com o insumo. E mais competitiva é a empresa.

Algumas indústrias, como as de mineração e siderurgia, podem alcançar grandes porcentagens de reutilização da água, com índices que atingem até 60% da água consumida. No Chile, mais especificamente na indústria de mineração de cobre, não fossem as ações de reutilização (e também de dessalinização), haveria um sério risco de o custo da água tornar a atividade praticamente proibitiva. É claro que esse percentual não é factível para todas as indústrias que têm uso intensivo de água. Empresas que comercializam alimentos e bebidas possuem restrições legais à reutilização do recurso.

O lado da oferta passa por atividades de dessalinização de água do mar, ação particularmente interessante e cada vez mais crescente para países com pouca quantidade de reservas de água doce (o que já é uma realidade para algumas indústrias de inúmeros países, sendo mais uma vez o caso da mineração). Mas a novidade mais impressionante passa por melhorias tecnológicas nos softwares de monitoramento tecnológico de vazamentos, reduzindo o enorme percentual de desperdício.

Uma companhia em Israel desenvolveu um software para identificar vazamentos, já utilizado na Austrália, na Europa e na América Latina, superando as tradicionais dificuldades associadas a essa função (os desvios da quantidade de água podem se dar por inúmeros fatores, como relógios alterados, existência de feriados, mudança no tempo etc.). O objetivo é identificar padrões de comportamento entre partes diferentes do sistema, para verificar se há ou não uma explicação que justifique a alteração. Com isso, consegue identificar (e consertar) vazamentos em 10 dias a menos que os sistemas tradicionais.

Chegará um momento em que os países estarão diante da escolha entre priorizar o uso da água entre diferentes indústrias. Se essa escolha se basear no valor agregado do produto final, alguns países deixarão de produzir frutas, optando pela sua importação, para concentrar em mineração ou siderurgia. Encher piscina será coisa do passado?

Big Data: o novo padrão de competição (11/1/2012)

Durante o recesso de final de ano, assisti ao filme *O homem que mudou o jogo* (*Moneyball*), em que o gerente de um time de baseball, o Oakland A's, seleciona jogadores com base em estatísticas de performance, e não opiniões de olheiros profissionais, mudando a forma com que os jogadores passaram a ser escolhidos pelos times da liga americana. Disso já se supõe que é possível montar times competitivos. Mas o que mais dá para fazer com acesso a grandes bancos de dados?

Primeiro, é importante identificar o fenômeno *Big Data*. Esse termo se aplica a enormes bancos de dados, cujo tamanho é superior à capacidade de softwares comuns de captar e processar informação. Entre os exemplos mais famosos de *Big Data* incluem-se redes sociais, mecanismos de indexação de informação na internet, conjunto de registros médicos, *e-commerce* ou mesmo arquivos de vídeo (o site YouTube talvez seja o mais famoso). Só para se ter uma ideia do tamanho de um banco de dados, bilhões de *posts* com conteúdo são compartilhados no Facebook todo mês, com informações que superam todo o arquivo em muitas bibliotecas no Brasil e mundo afora.

Processar as informações desses grandes bancos de dados irá mudar a forma com que as empresas competem em vários mercados. Para dar um exemplo, ao ter acesso a preferências e hábitos de consumo, as redes de varejo podem customizar suas propagandas e ofertas, aumentando significativamente o potencial de novas receitas. A Amazon indica que 30% do seu faturamento vêm de mecanismos de recomendação, popularizados pela frase que surge no computador *"you may also like"*.

E não é só. Empresas de cartão de crédito e seguradoras conseguem reduzir e identificar fraudes com maior eficiência. Aliás, com base em grandes bancos de dados é possível identificar padrões de comportamento importantes para a eficiência da indústria. Segundas e terças são os dias da semana em que segurados mais fraudam acidentes para recolher o seguro. Isso se dá porque, durante o fim de semana, fraudadores combinam com amigos para que estes sirvam de testemunha para o acidente. O setor público pode, com lógica bastante semelhante, identificar fraudes em inúmeras áreas.

Mas nem tudo são flores. Não é possível agora estimar os impactos jurídicos do acesso e processamento de informações extraídas de bancos de dados. Questões relacionadas à privacidade e a direitos de propriedade intelectual precisam ser ponderadas. Registros médicos e bancários são exemplos de informações cujo uso pode gerar inúmeros benefícios, mas são dados considerados sensíveis. Isso sem contar, é claro, com a possível ausência de confiabilidade (e mesmo erro) nos dados fornecidos, que podem provocar danos sem identificar um responsável para eventual responsabilização.

Já não é mais momento de primeiras impressões. Grandes bancos de dados já alteram a dinâmica de competição nos mercados, impulsionando estratégias de comercialização de produtos e serviços e estimulando mais eficiência. As leis e, quem sabe, os juízes ou reguladores conseguirão garantir o uso adequado dessas informações?

Redes sociais combatem aumentos de preços (17/8/2011)

Diversos veículos de mídia publicaram matérias nesta semana relatando que, em Israel, consumidores promoveram um protesto no Facebook contra aumentos de preço, na ordem de 40% ao longo de três anos, por parte dos produtores de derivados de leite (o produto, em específico, era o queijo *cottage*). A campanha rapidamente chamou atenção da mídia por ter reunido mais de 105 mil pessoas organizando um boicote contra a compra do produto até que as companhias baixassem seus preços.

O resultado? As três principais empresas israelenses de derivados de leite efetivamente reduziram os preços em 25%. E o interessante desse movimento é que, agora, há uma expectativa de novos protestos e boicotes via redes sociais, desta vez para pressionar a redução de preços em outros mercados, como gasolina, eletricidade, além de diversos gêneros alimentícios. O Facebook se transformaria em uma forma de controle da inflação, sem aumento de juros.

Alguns aspectos específicos de Israel facilitam boicotes desse gênero. É um país de população relativamente pequena, com altos graus de acesso à internet (e, em particular, a redes sociais). E, além disso, o aumento do preço no queijo *cottage* foi considerado um verdadeiro símbolo do aumento de custo de vida em Israel (o produto em si é praticamente uma instituição nacional). Daí o grau de adesão ao boicote. E isso sem contar com o fato de que não é particularmente difícil ficar sem comprar queijo *cottage* durante um mês (ou até mais).

Mas o precedente sinaliza algumas mudanças. As próprias empresas israelenses declaram que irão avaliar se o movimento no Facebook pode ou não ter dado início a uma nova forma de relacionamento entre produtores e consumidores, proporcionando maior equilíbrio. Isso porque as redes sociais não só facilitam formas de expressão por parte dos consumidores (como, no caso, protestos e reclamações), mas também reduzem os custos de organização para movimentos do gênero (de combate a aumentos de preços via boicotes). E têm efetivamente o potencial de mudar a cultura de consumo, até hoje passiva, além de estimular as empresas a desenvolver novas formas de gerenciamento de crises na era digital.

Pode ser precipitado achar que movimentos semelhantes irão acontecer em breve no Brasil, onde o grau de acesso à internet ainda é reduzido (embora sejam crescentes as adesões às redes sociais, como se vê por Orkut, Facebook e Twitter). Aqui, consumidores já tentaram organizar boicotes para forçar a redução de preços de combustíveis, com resultados duvidosos ou mesmo pouco efetivos no médio prazo. Mas o processo de sofisticação dos consumidores parece ser uma tendência sem volta.

Será que, no futuro, estaremos combatendo cartéis via Facebook?

Por que os supermercados não entram no mercado de combustíveis? (14/6/2011)

Está para ser votado no Plenário da Câmara Legislativa do Distrito Federal projeto de lei, de autoria do deputado Chico Vigilante, que passa a permitir expressamente a instalação de postos de combustíveis em supermercados, hipermercados e shopping centers em Brasília. Essa alteração legislativa terá forte impacto na concorrência, permitindo preços mais baixos para o consumidor brasiliense.

Essa discussão surgiu há mais de 10 anos, quando foi promulgada a Lei Complementar Distrital nº 294/2000, estabelecendo a proibição expressa da "edificação de postos de abastecimento, lavagem e lubrificação nos estacionamentos de supermercados, hipermercados e similares, bem como de teatros, cinemas, shopping centers, escolas e hospitais públicos". O argumento que legitimaria essa proibição está fundado em supostos riscos ao meio ambiente e à segurança da população, já que os produtos comercializados seriam tóxicos e inflamáveis.

Argumentos baseados em segurança e em proteção ao meio ambiente podem esconder interesses anticompetitivos. Sem dúvida, esse é o caso desse tipo de norma, que, infelizmente, já se espalha por outras cidades do país em todas as regiões.

A instalação de postos de combustíveis em grandes empreendimentos atacadistas não é um fenômeno restrito ao Brasil. Nos Estados Unidos, supermercados e hipermercados são fortes *players* no setor de revenda de combustíveis, conquistando rapidamente participações de mercado importantes, fazendo pressão competitiva nos preços dos demais varejistas. Eles têm incentivos para fazer isso, não só porque são capazes de comercializar maiores quantidades de combustível, mas também porque utilizam preços baixos como forma de atrair consumidores para os outros produtos que comercializam.

Estudos preliminares da Secretaria de Direito Econômico (SDE) indicam que existem fortes efeitos benéficos ao mercado a partir da entrada de supermercados e hipermercados no varejo de combustíveis. Em média, os postos instalados nesses estabelecimentos provocam reduções de 5% ou mais nos preços praticados. A entrada desse tipo de estabelecimento no mercado pode, inclusive, tornar a manutenção de um cartel mais difícil, já que pressiona os preços para baixo, incentivando todos a competir.

E a segurança e a proteção ao meio ambiente? Esse argumento está baseado em premissa falsa. Não há qualquer evidência de descumprimento das normas de segurança por parte de supermercados ou hipermercados que atuam no varejo de combustível, nos locais em que essa atuação é permitida por lei. O próprio Corpo de Bombeiros de Goiás atesta que os requisitos de segurança aplicáveis a postos de combustíveis instalados em empreendimentos desse gênero são iguais a qualquer outro instalado em qualquer lugar, recebendo autorização de funcionamento. A segurança muda de estado para estado?

Não importa, portanto, onde o posto está localizado, se do lado de um prédio ou no estacionamento de um hipermercado, mas sim se ele cumpre ou não as regras de segurança estabelecidas pelas autoridades públicas. Essas regras de segurança, aliás, já existem. A regulação estabelece expressamente afastamentos mínimos das bombas, tamanhos de áreas destinadas ao posto, além de uma padronização dos requisitos de segurança e proteção ao meio ambiente.

Essa norma está, no momento, sendo questionada no STF em Ação Direta de Inconstitucionalidade (ADI), sob a relatoria do ministro Celso de Mello. Há pouco tempo, para reforçar os argumentos concorrenciais, o Cade foi admitido como *amicus curiae* no processo, fornecendo informações sobre os impactos na concorrência. Espera-se que, em breve, o STF derrube a norma, que não tem outro objetivo, a não ser impedir a entrada de fortes competidores no setor varejista e, consequentemente, que o preço pago pelo consumidor seja menor. Às vezes, normas podem ser mais anticompetitivas que cartéis... (Artigo originalmente publicado no *Correio Braziliense*, em 7/6/2011.)

Regulação traz mais competição no mercado de TV por assinatura (29/5/2011)

Por que razão as empresas de telefonia não podem distribuir canais de TV por assinatura? Elas têm rede. Condições técnicas de prestar o serviço. E, mais ainda, trazem a possibilidade de incrementar a concorrência em um setor que recebe constantes reclamações por parte do consumidor, insatisfeito com preços e qualidade do serviço.

Só posso acreditar que isso se dê por conta de um injustificável atraso regulatório, que está para ser revertido pela votação do PLC nº 116 pelo Senado Federal. Mas há outras discussões de mudanças regulatórias que terão impacto na concorrência, embora de forma não tão óbvia quanto o aumento de competidores na distribuição de TV por assinatura. A verdade é que esse projeto de lei apresenta um cenário bem mais amplo de reforma regulatória do mercado de televisão por assinatura no Brasil, determinando não só cotas de programação nacional, como também uma proporção para a presença de canais brasileiros nas grades de exibição. E como as cotas interferem na competição?

Embora a intenção seja a de garantir a diversidade de opiniões e opções culturais, o fato é que as cotas poderão ter impacto na concorrência. Ao fomentar produções brasileiras, a Ancine garante não só material nacional independente, mas também novos competidores no mercado de produção. As cotas de exibição nas salas de cinema e nos canais que chegam às casas dos consumidores brasileiros servem para viabilizar o escoamento dessa produção, para a qual o dinheiro do fomento foi utilizado.

Talvez não seja possível ver a redução de preços de forma tão imediata, já que diversos canais internacionais hoje possuem escala mundial, tendo custos amortizados em inúmeros países. E os canais brasileiros, mesmo com o fomento, não terão inicialmente custos tão baixos, o que pode aumentar o preço dos insumos das TVs por assinatura. Nada impede, no entanto, amortização semelhante a partir da internacionalização dos canais brasileiros, além do próprio crescimento do mercado de televisão por assinatura no Brasil, que tem ainda largo potencial de expansão. E já existe razoável volume de produção nacional, que passará a ter viabilidade de escoamento.

Sem entrar no mérito das cotas em si (se são excessivas ou mesmo insuficientes), é possível prever o impacto da concorrência. No médio prazo, com novas possibilidades de produção audiovisual (filmes, minisséries, documentários etc.) e de canais (programação) garantidas pela regulação, espera-se que os preços para o consumidor se reduzam. Isso porque esses são os insumos que serão comprados e distribuídos pelas empresas de TV por assinatura, hoje praticamente restritas a SKY e NET, mas que, em breve, deverão ter a companhia (e a competição) das empresas de telefonia.

É aguardar e ver. De preferência, pagando mais barato.

Cartéis de combustíveis e entressafra da cana (23/5/2011)

Acabou a entressafra da cana. Os preços dos combustíveis vêm caindo nas bombas. Mas durante os primeiros meses deste ano os órgãos de defesa da concorrência receberam várias denúncias de cartelização dos postos de combustíveis. Isso porque, durante a entressafra da cana de açúcar, os preços subiram. E os aumentos eram relativamente uniformes, provocando preços iguais ou semelhantes. Isso dá a impressão para o consumidor de que existe, ou existiu, um movimento de cartelização.

Entre 2005 e 2010, os órgãos de defesa da concorrência receberam mais de 600 denúncias focadas no setor de revenda, um número superior a qualquer outro segmento da economia. Apesar disso, o Cade condenou apenas sete casos, arquivando a maioria das denúncias de forma preliminar, por falta de indícios.

As denúncias refletem o alto grau de insatisfação dos consumidores com o preço; mas será que os aumentos representam indício suficiente de cartel para abrir uma investigação? E para condenar?

Aumentos de preços podem resultar de cartéis. É por isso que cartel, além de infração administrativa, é crime. Mas nem todo aumento de preço é resultado de um cartel, surgindo, por vezes, de situações conjunturais.

Há, na verdade, uma série de motivos para os aumentos de combustíveis, entre os quais a pressão dos preços do etanol causada pela já encerrada entressafra da cana e pelo aumento do preço das *commodities*, que fez com que os produtores de cana preferissem produzir açúcar, reduzindo a oferta do produto. O componente sazonal faz com que, em toda entressafra, os consumidores disparem denúncias de cartel no setor de combustíveis.

Mas o aumento do preço do etanol também era reflexo do significativo crescimento do número de carros, em especial de veículos *flex*, que podem utilizar gasolina ou álcool. Esses fatores revelam a demanda significativa no país por combustível.

Daí, portanto, as razões para o preço verificado nas bombas – razões que se somariam ao aumento do preço do petróleo no mercado internacional, em função das crises políticas no norte da África e no Oriente Médio, não houvesse a Petrobras impedindo parte do repasse.

Nem sempre os aumentos são consequências de cartéis. No ano que vem, provavelmente, outra entressafra vai demonstrar isso.

Livros publicados pela Coleção FGV de Bolso

(01) *A história na América Latina – ensaio de crítica historiográfica* (2009)
de Jurandir Malerba. 146p.
Série 'História'

(02) *Os Brics e a ordem global* (2009)
de Andrew Hurrell, Neil MacFarlane, Rosemary Foot e Amrita Narlikar. 168p.
Série 'Entenda o Mundo'

(03) *Brasil-Estados Unidos: desencontros e afinidades* (2009)
de Monica Hirst, com ensaio analítico de Andrew Hurrell. 244p.
Série 'Entenda o Mundo'

(04) *Gringo na laje – produção, circulação e consumo da favela turística* (2009)
de Bianca Freire-Medeiros. 164p.
Série 'Turismo'

(05) *Pensando com a sociologia* (2009)
de João Marcelo Ehlert Maia e Luiz Fernando Almeida Pereira. 132p.
Série 'Sociedade & Cultura'

(06) *Políticas culturais no Brasil: dos anos 1930 ao século XXI* (2009)
de Lia Calabre. 144p.
Série 'Sociedade & Cultura'

(07) *Política externa e poder militar no Brasil: universos paralelos* (2009)
de João Paulo Soares Alsina Júnior. 160p.
Série 'Entenda o Mundo'

(08) *A mundialização* (2009)
de Jean-Pierre Paulet. 164p.
Série 'Sociedade & Economia'

(09) *Geopolítica da África* (2009)
de Philippe Hugon. 172p.
Série 'Entenda o Mundo'

(10) *Pequena introdução à filosofia* (2009)
de Françoise Raffin. 208p.
Série 'Filosofia'

(11) *Indústria cultural – uma introdução* (2010)
de Rodrigo Duarte. 132p.
Série 'Filosofia'

(12) *Antropologia das emoções* (2010)
de Claudia Barcellos Rezende e Maria Claudia Coelho. 136p.
Série 'Sociedade & Cultura'

(13) *O desafio historiográfico* (2010)
de José Carlos Reis. 160p.
Série 'História'

(14) *O que a China quer?* (2010)
de G. John Ikenberry, Jeffrey W. Legro, Rosemary Foot e Shaun Breslin. 132p.
Série 'Entenda o Mundo'

(15) *Os índios na História do Brasil* (2010)
de Maria Regina Celestino de Almeida. 164p.
Série 'História'

(16) *O que é o Ministério Público?* (2010)
de Alzira Alves de Abreu. 124p.
Série 'Sociedade & Cultura'

(17) *Campanha permanente: o Brasil e a reforma do Conselho de Segurança das Nações Unidas* (2010)
de João Augusto Costa Vargas. 132p.
Série 'Sociedade & Cultura'

(18) *Ensino de história e consciência histórica: implicações didáticas de uma discussão contemporânea* (2011)
de Luis Fernando Cerri. 138p.
Série 'História'

(19) *Obama e as Américas* (2011)
de Abraham Lowenthal, Laurence Whitehead e Theodore Piccone. 210p.
Série 'Entenda o Mundo'

(20) *Perspectivas macroeconômicas* (2011)
de Paulo Gala. 134p.
Série 'Economia & Gestão'

(21) *A história da China Popular no século XX* (2012)
de Shu Sheng. 204p.
Série 'História'

(22) *Ditaduras contemporâneas* (2013)
de Maurício Santoro. 140p.
Série 'Entenda o Mundo'

(23) *Destinos do turismo – percursos para a sustentabilidade* (2013)
de Helena Araújo Costa. 166p.
Série 'Turismo'

(24) *A construção da Nação Canarinho – uma história institucional da seleção brasileira de futebol, 1914 - 1970* (2013)
de Carlos Eduardo Barbosa Sarmento. 180p.
Série 'História'

(25) *A era das conquistas – América espanhola, séculos XVI e XVII* (2013)
de Ronaldo Raminelli. 180p.
Série 'História'

(26) *As Misericórdias portuguesas – séculos XVI e XVII* (2013)
de Isabel dos Guimarães Sá. 150p.
Série 'História'

(27) *A política dos palcos – teatro no primeiro governo Vargas (1930-1945)* (2013)
de Angélica Ricci Camargo. 150p.
Série 'História'

(28) *A Bolsa no bolso – fundamentos para investimentos em ações* (2013)
de Moises e Ilda Spritzer. 144p.
Série 'Economia & Gestão'

(29) *O que é Creative Commons? Novos modelos de direito autoral em um mundo mais criativo* (2013)
de Sérgio Branco e Walter Britto. 176p.
Série 'Direito e Sociedade'

(30) *A América portuguesa e os sistemas atlânticos na Época Moderna - Monarquia pluricontinental e Antigo Regime* (2013)
de João Fragoso, Roberto Guedes e Thiago Krause. 184p.
Série 'História'

(31) *O Bolsa Família e a social-democracia* (2013)
de Débora Thomé. 158p.
Série 'Sociedade & Cultura'

(32) *A Índia na ordem global* (2013)
de Oliver Stuenkel (Coord.). 120p.
Série 'Entenda o Mundo'

(33) *Escravidão e liberdade nas Américas* (2013)
de Keila Grinberg e Sue Peabody. 146p.
Série 'História'

(34) *Meios alternativos de solução de conflitos* (2013)
de Daniela Gabbay, Diego Faleck e Fernanda Tartuce. 104p.
Série 'Direito & Sociedade'

(35) *O golpe de 1964 – momentos decisivos* (2014)
de Carlos Fico. 148p.
Série 'História'

(36) *Livro digital e bibliotecas* (2014)
de Liliana Giusti Serra. 186p.
Série 'Sociedade & Cultura'

(37) *A proteção jurídica aos animais no Brasil – Uma breve história* (2014)
de Samylla Mól e Renato Venancio. 142p.
Série 'História'

(38) *A memória, história e historiografia* (2015)
de Fernando Catroga. 100p.
Série 'História'

(39) *Água é vida: eu cuido, eu poupo – Para um futuro sem crise* (2015)
de Ana Alice De Carli. 126p.
Série 'Série 'Direito & Sociedade''

(40) *A qualidade do livro didático de história – No Brasil, na França e nos Estados Unidos da América* (2015)
de Itamar Freitas e Margarida Maria Dias de Oliveira. 132p.
Série 'Série 'História'